HEYNE BÜCHER

SACHBUCH

Für Hanna
herzlichst

DIETMAR GRIESER

Musen leben länger

Begegnungen
mit Künstlerwitwen

Ergänzte Neuausgabe

WILHELM HEYNE VERLAG
MÜNCHEN

HEYNE SACHBUCH
Nr. 19/595

Umwelthinweis:
Dieses Buch wurde auf chlor- und
säurefreiem Papier gedruckt.

Ungekürzte Taschenbuchausgabe
im Wilhelm Heyne Verlag GmbH & Co. KG, München

Printed in Germany 1998
Umschlagillustration: R. Kasparek, Wien, unter Verwendung
einer Photographie von Marcel und Jacqueline Pagnol
Umschlaggestaltung: Atelier Ingrid Schütz, München
Satz: Schaber Datentechnik, Wels
Druck und Bindung: Presse-Druck, Augsburg

ISBN 3-453-13885-6

Inhalt

Solange Menschen meiner gedenken,
wird ihrer gedacht sein.
Die Nachwelt, hat sie ein gutes Wort für mich,
ihr zugleich wird es gelten.

THOMAS MANN über seine Frau KATIA

Nur die Muse
gewährt einiges Leben dem Tod.

GOETHE

Bei der Wahl seiner ersten Frauen
darf man sich gewisse Nachlässigkeiten erlauben.
Bei der Wahl seiner Witwe
aber sollte man keinen Fehler machen.

SACHA GUITRY

Die Statthalterinnen

Vorwort

Wen immer ich, als der Plan dieses Buches entstand, in mein Vorhaben einweihte: Jeder schmunzelte. Genießerische Vorfreude machte sich breit – gerade, daß sie nicht mit der Zunge schnalzten. Man schien sich etwas durch und durch Köstliches zu erwarten: eine Revue des Maliziösen, ›Gustostückerln‹ an Häme und Pikanterie. Mag sein, daß man bestimmte Exzesse aus anderen Sparten des Kulturbetriebs vor Augen hatte und so ein gewisses Bedürfnis nach Abrechnung und Schelte bestand: ungute Erbschaftsstreitigkeiten, Affären um Nachlaßschwindel, Fälle starrköpfiger Verweigerung. Das Schmähwort von den ›veuves abusives‹ lag in der Luft, von den ›mißbrauchtreibenden Witwen‹ – der französische Politiker Anatol de Monzie hat ihnen ein eigenes Buch gewidmet. Auch André Roussins (von Hans Weigel so vortrefflich eingedeutschte) Ausfälle gegen die ›Witwe von Beruf‹ (»das allerschlimmste Weib, das Gott im Zorn erschuf«) mochten einem in diesem Zusammenhang durch den Kopf gehen: »Nun kommt die Stunde der Vergeltung – ungehindert/wird alles, was er hinterlassen hat, geplündert.« Und natürlich Rilke! Wer erinnerte sich nicht jenes abstoßenden Wettstreits um den ersten Rang, den einst – nach des Dichters Tod – dessen Musen vollführt hatten? Auf schriftliche Liebeserklärungen pochend, machten sie einander den Platz am Grabe streitig – »Hyänen, die sich gegenseitig den Lorbeer aus der Frisur rissen«, nannte sie ein angewiderter Friedrich Sieburg. Auch Anekdotisches trug das Seine dazu bei, das Thema ins Lächerliche zu ziehen: jenes in der Tat wunderliche Kondolenztelegramm an ›die Witwe Cocteau‹ etwa, das seinerzeit ungehindert die Kanzlei eines schlecht informierten Staatspräsidenten verlassen hatte. Kurzum: Man war auf Burleske eingestellt.

Solchen Erwartungen muß ich entgegentreten: Dies ist kein Schmunzelbuch.

Die Gefährtin, die den Künstler überlebt, Erbin nicht nur im materiellen Sinne, sondern mehr noch Hüterin seines Vermächtnisses, Wahrerin seines Andenkens, vielleicht sogar, wo sie dazu in der Lage ist, Vollenderin des von ihm unvollendet Hinterlassenen, ist, so meine ich, aller Ehrerbietung wert (von Ausnahmen abgesehen, aber wo gäbe es die nicht?).

»Indem sie zwischen ihm und der Umwelt, zwischen seinem Werk und dem täglichen Leben mit Geist und Takt, mit Umsicht und Souveränität vermittelte, ermöglichte sie erst die Entstehung, die Fortsetzung und die Vollendung dieses Werks«, sagt Marcel Reich-Ranicki in seinem Nachruf auf Katia Mann, und in einem Kommentar zu Marta Feuchtwangers vielgerühmtem Fernsehauftritt warnt er ausdrücklich davor, »den Beitrag jener zu unterschätzen, die ihre Aufgabe darin sahen, die Arbeit ihrer Männer zu ermöglichen, zu beschützen und zu fördern«.

Und nach deren Tod *weiterzuführen,* möchte ich hinzufügen. Denn nicht Würdigung des vorzeiten Geleisteten ist mein Thema, sondern Erkundung posthumen Verhaltens. Wie gehen sie mit dem, was an sie überkommen, *heute* um? Wie leben sie mit ihrem Erbe, wie leben sie überhaupt? Um die *Statthalterin* geht es, nicht um die *Muse.* Und zwar um die Statthalterin jeglichen Typs: des verklärenden wie des distanziert-kritischen, des magdlichen wie des eigenmächtigen. Die Betriebsame hat ihren Platz neben der Resignierenden, die nur Überlebende neben der selbst Monomanen, die Gralshüterin neben der Marketenderin. Welche Welten trennen eine Mary Hemingway, die an ›Papa's Birthday‹ die alten Freunde zu festlichen Gelagen im Blockhaus von Sun Valley versammelt, von einer Nadeshda Mandelstam, der, um das Werk ihres Mannes vor den Vernichtungsmechanismen des totalitären Staats zu retten, nichts anderes übrigblieb, als möglichst viel davon auswendig zu lernen!

Daß die Frauen der Künstler immer auch die besten Interpreten ihres Werkes sind, daran gibt es begründete Zweifel. Aber fest steht: Sie wissen mehr (und anderes) als der aufmerksamste Leser. Für sie war *Erfahrung,* was sich diesem nur aus der *Lektüre* erschließt. Unter welchen Freuden und Schmerzen die Arbeiten ihrer Männer entstanden sind, niemand vermöchte besser davon Zeugnis abzulegen als sie: Es waren auch *ihre* Freuden und Schmerzen. Postscripta zur Biographie.

Am Beispiel Katia Manns haben wir es erlebt, daß auch der Dichter*witwe* öffentliche Nachrufe zuteil werden können – vielleicht sogar ergriffenere als so manchem *Dichter;* Heinrich Böll hat den Typus (freilich einen ganz anderen als Katia Mann) in seinem Roman ›Haus ohne Hüter‹ zur literarischen Figur gemacht; und nicht wenige unter ihnen haben selber zur Feder gegriffen: Anna Grigorjewna Dostojewskaja, Alexandrine Zola, Alma Mahler-Werfel. Olga Iwinskaja konnte sich dabei sogar auf einen ausdrücklichen Auftrag ihres Lebensgefährten Boris Pasternak berufen: »Du mußt mich überleben, um das Lügengespinst um mich zu entwirren.« (Bei Simone de Beauvoir und Clara Malraux, selber Autorinnen von allerhöchstem Rang, liegt der Fall anders, komplizierter – desgleichen bei der Schweizerin Klara Obermüller, die sich ausführlich zum Sterben ihres Mannes Walter Matthias Diggelmann vernehmen ließ.)

Es versteht sich von selbst, daß ich alle jene, die selber Rechenschaft abgelegt haben, in diesem Buch ausklammere zugunsten solcher, von denen eigene Aufzeichnungen nicht vorliegen, von denen überhaupt wenig, vielleicht nicht einmal ihre Existenz bekannt ist. Mit ihnen suchte ich Begegnung und Gespräch. Denn ein Buch über Lebende sollte es werden, kein Buch über Tote. Daß inzwischen, seit Erscheinen der Erstausgabe dieses Buches, einige der von mir porträtierten Künstlerwitwen selber verstorben sind (Musen leben länger, aber natürlich auch nicht ewig), sollte, so denke ich, kein Grund sein, die betreffenden Kapitel zu eliminieren: Man lese sie – so wie das vorliegende Werk insgesamt – als historisches Dokument.

Andere, deren Namen ich auf meiner Wunschliste stehen hatte, sind mir mitten unter der Arbeit am Manuskript weggestorben: Francine Camus und Consuelo de Saint-Exupéry, Sonia Orwell (mit der ich noch korrespondieren konnte), Gertrude Urzidil, Lili Darvas (die Witwe von Ferenc Molnár), Ilse Nabl und Ruth Bamm. Wieder andere, übrigens bemerkenswert wenige, haben sich meinem Vorhaben entzogen: Ich respektiere ihr Schweigen. Denen, die sich mir anvertraut haben, sage ich Dank.

»Ich habe noch allerlei vor ...«

Rose-Marie Bonsels

Sie ist sanft und lieb und klug und unternehmungslustig – die reinste Biene Maja. In ihrem Alter diese Jungmädchenstimme? Diese arglos dreinblickenden hellen Augen? Es würde mich nicht wundern, wenn ihr plötzlich auch noch Flügel wüchsen.

Aber sind sie ihr nicht längst gewachsen? Die Flügel, mit denen sie von Ort zu Ort fliegt, den Kindern aus der ›Biene Maja‹ vorzulesen? Gerade kommt sie wieder von einer Matinee zurück, wir haben deshalb unsere Verabredung verschieben müssen. »Geht's einen Tag später? Eine Schule hat angerufen, es sind blinde Kinder – das würde ich ungern absagen.«

Sie ist noch ganz ergriffen von der starken Anteilnahme der kleinen Hörer; in ihr Mitleid mischt sich Bewunderung: »Sie hätten sehen müssen, wie leicht ein jedes zu seinem Platz fand. Auch die Lehrer ganz anders als an normalen Schulen. So konzentriert. Und wie die Kinder zum Schluß geklatscht haben: ›Noch mehr, noch mehr!‹ Und ihre Fragen! Darin sind die ganz genau – keine kleinste Unklarheit lassen die einem durchgehen: ›Was ist das: eine Trilogie? Eine Ranunkel?‹«

Und *Tante Bonnie* erklärt geduldig, was eine Trilogie ist und eine Ranunkel.

Tante Bonnie – so nennen sie die Kinder. Da steckt natürlich *Bonsels* drin. Aber auch ohne diese Anspielung würde es haargenau auf sie passen: Das Helle ihres Wesens, ihre Musikalität, ihre Zutraulichkeit und Güte, ihre Beweglichkeit – das alles drückt sich vortrefflich in diesen zwei Silben aus, Kinder haben da ein besonderes Gespür.

Bei manchen von ihnen geht die Identifikation von Vorlesung und Text so weit, daß sie Rose-Marie Bonsels auch für die *Autorin* halten: handgemalte Plakate, mit denen sie sie als ›Erfinderin der Biene Maja‹ willkommen heißen. Andere, denen der Name Waldemar Bonsels vertraut ist, ordnen *ihr* die Naturmärchen, *ihm* Bücher wie die ›Indienfahrt‹ zu. Drum ist sie über den Titel der Gesamtausgabe so besonders glücklich: ›Wanderschaft zwischen Staub und Sternen‹ – das erfaßt den ganzen Bonsels. Die Witwe nimmt die zehnbändige Kassette zur Hand und drückt sie ans Herz – sie könnte mit einem Kind nicht zärtlicher umgehen.

Es gibt zwischen uns beiden keinerlei Verständigungsschwierigkeiten: Niemand braucht den anderen erst noch davon zu überzeugen, daß die ›Biene Maja‹ ein Kinderbuch von literarischem Rang ist – nicht die einfältige Drolerie, die die japanischen Zeichentrickfilmer daraus gemacht haben. Wir können uns also die ganze Litanei von Distanzierungsformeln ersparen, mit denen man normalerweise an die Erörterung von Millionenbestsellern herangeht, können völlig unbefangen über unser Thema reden, unallergisch. Nicht einmal die Tantiemenfrage läßt Peinlichkeiten aufkommen: Die Maja-Millionen fließen in die Waldemar-Bonsels-Stiftung. Und die ist gemeinnützig. Kein Versorgungsfonds für notleidende Imker. Sondern ein Forschungsauftrag für die Spezialdisziplin Buchwissenschaft. Auch der Bonsels-Besitz am Starnberger See wird dereinst der Stiftung zufallen.

Hier, in dem alten Landhaus am Ambacher Südufer, fing alles an: 1955. Drei Jahre waren seit dem Tod des Dichters vergangen: drei Jahre, in denen die Gefährtin seiner beiden letzten Lebensdezennien sich total von der Welt abgekapselt hatte. Das Urnengrab hinterm Haus, dort wo ein Zaun den Garten von der Wiese trennt, Vogelgezwitscher im Wildkirschengeäst, der Steinblock mit der Hymne aus dem

Ambach am Starnberger See: Waldemar Bonsels.

›Dositos‹-Roman und dem Schlußwort aus dem ›Himmelsvolk‹ – das war in jenen Tagen ihr einziger Umgang. Und dann, irgendwann, der Entschluß, sich aus der Lethargie herauszureißen und ein neues Leben zu beginnen. Zum Auftakt: ein Fest mit den alten Bonsels-Freunden. Drei Tage lang. Der greise Oberst Glitz, der lange Jahre in China gelebt hatte. Und nun, dem toten Freund zu Ehren, aus dessen Christus-Roman vorlas. Aus dem ›Dositos‹. Schließlich klappte er das Buch zu, stand auf und sagte, zur Witwe gewandt: »So, und das machst jetzt du. Du wirst von nun an herumreisen und aus den Bonsels-Büchern vorlesen.«

Hildesheim war die erste Station, andere folgten. Wo immer man Rose-Marie Bonsels haben wollte: literarische Zirkel, Schulklassen. Zwei Fliegen – pardon: zwei Bienen – waren mit einer Klappe geschlagen: Die Witwe konnte etwas für das Werk ihres Mannes, die gelernte Schauspielerin und Tänzerin, zu seinen Lebzeiten ganz auf die Rolle der Dame des Hauses reduziert, etwas für ihre Selbstverwirklichung tun.

Rose-Marie Bonsels ist eine geborene Bachofen. Der angesehenen Schweizer Familie sind manche Berühmtheiten entsprossen: Johann Jakob, der Mutterrechtler; ihr Großvater war der Erbauer der Eisenbahnlinie Sofia-Konstantinopel. Die Neigungen der Baseler Architektentochter gingen in Richtung klassische Musik und Ausdruckstanz. Und war nicht auch Musik im Spiel, als sie den Dichter der ›Biene Maja‹ kennenlernte?

1931. Die Siebzehnjährige, kaum der Schule entwachsen, ist zu Besuch in Deutschland. Freunde der Familie haben sie nach Ambach am Starnberger See eingeladen. Die jüngste Errungenschaft der Beethoven-Enthusiastin ist eine Schallplattenaufnahme des G-Dur-Konzerts, Artur Schnabel am Klavier. Doch im Sommerhaus ihrer Gastgeber kann man sie nicht abspielen, das Grammophon steht in der Münchner Stadtwohnung. »Wie wär's, wenn du beim Bonsels anklopfst, der leiht dir sicher sein Gerät, der Dichter ist einer unserer Nachbarn.«

Rose-Marie Bonsels.

Rose-Marie, von einem zweiten Sommergast begleitet, macht sich auf den Weg. Man läutet, die Haushälterin führt den Besuch ins Arbeitszimmer, der Wunsch wird gern erfüllt. Und – man findet spontan Gefallen aneinander: das schwärmerische junge Ding aus der Schweiz, das schon als Kind ein Bonsels-Photo aus einer Illustrierten in sein Prominentenalbum eingeklebt hat, und der zweimal geschiedene, nun schon eine ganze Weile monadenhaft lebende Arztsohn aus dem Holsteinischen, Sproß des uralten sauerländischen Adelsgeschlechts derer von Bonslede, der nach den Jahren der Wanderschaft durch Deutschland und die Welt hier im Süden des Vaterlandes seine feste Bleibe gefunden hat.

Man heiratet, Frau Rose-Maries eigene künstlerische Entfaltung bleibt aufs häusliche Musizieren beschränkt. Ein mittelalterliches Legendenspiel vorm Berner Dom, eine

Tanzkantate bei den Münsterspielen des Jahres 1939, ein erfolgreiches Vorsprechen am Burgtheater, mit Rollenverzicht endend, weil sie zur fraglichen Zeit gerade mit ihrem Mann auf Griechenland- und Türkeireise ist – das ist alles. Ungenützte Kräfte, die nun, 1955, als sie sich zur Karriere der Bonsels-Rezitatorin entschließt, endlich genutzt werden können. Auch die Schallplatte bietet ein neues Betätigungsfeld und schließlich – im Sog des Biene-Maja-Booms – die Wiederentdeckung des übrigen Bonsels-Œuvres: ›Himmelsvolk‹ und ›Mario‹, ›Aus den Notizen eines Vagabunden‹ und ›Indienfahrt‹, ›Mortimer‹ und ›Dositos‹, das Alterswerk. Die Taschenbuchausgaben, die Kassette, der Rückkauf der Filmrechte, die Kündigung alter und der Abschluß neuer Verträge, das wenig befriedigende Zwischenspiel mit der eigenen Presseagentur: Buchbesprechungen en gros, dreißig Neuerscheinungen pro Monat. Schließlich die Sichtung des Nachlasses, das Entziffern der Notizbücher, ›Maja‹ in Blindenschrift, zuletzt die Stiftung. Am 25. Todestag des Dichters. Nun kommt Rose-Marie Bonsels, der nach dem Wunsch ihres Mannes ein Leben in Schönheit zugedacht war, frei sowohl von hausfraulichem Tagwerk wie vom Sekretariatskram, zustatten, daß es Zeiten gegeben hat, wo diese strenge Regel außer Kraft gesetzt war: auf seinen großen Auslandsreisen. Amerika 34/35, Türkei 38/39. Hier springt sie beide Male auch als Sekretärin ein. Mit einem Finger tippt sie den ›Reiter in der Wüste‹ in die Reiseschreibmaschine, auch um die Post kümmert sie sich nun. Daß sie im Werk selbst Spuren hinterläßt, kann sie nicht überraschen: »Ich hatte immer so ausgefallene Träume – vieles davon hat er verarbeitet. Auch manches andere, worüber wir sprachen. In der ›Reise um das Herz‹ komme ich namentlich vor.«

Rose-Marie Bonsels ist – auch bei unserem Gespräch – ständig in Bewegung. Wieder muß ich an die geschäftige Maja denken und an ihr »Leben Sie wohl, ich habe noch allerlei vor«. Sie eilt von Zimmer zu Zimmer, zu jedem Thema schleppt sie das betreffende Bezugsobjekt an. Das ›Maja‹-

Original: schwarze Tinte auf großen, gelben, ausgefransten Büttenblättern, dazwischen vereinzelt Briefpapierbögen und kariertes Schulheft, die ›Mario‹-Urschrift mit dem durchgestrichenen ›Kay‹ (wie Bonsels das Buch, in Anspielung auf den Namen eines seiner fünf Söhne, ursprünglich hatte nennen wollen), Rauchzeug und Hirtenflöte, Schmetterlingssammlung und Tropenhelm. Nur die ›Sieben Sachen‹, die er – letztes und schon nicht mehr verwirklichtes Projekt – zum Titel seiner Autobiographie hatte machen wollen, sind momentan außer Haus: bei einer Ausstellung im Münchner Stadtmuseum. Es sind jene Favoriten unter den vielen Erinnerungsstücken, die er von seinen Reisen mitgebracht und die sein späteres Leben aufs engste begleitet hatten: die römische Venus und der fernöstliche Buddha, der Bronzeelefant und die Statuette der heiligen Anna, das chinesische Schachspiel, die Geige, die Kröte aus Wurzelholz. Auch der Schreibtisch, an dem die meisten seiner Werke entstanden sind, ist ausgestellt, der Armstuhl, die Bildersammlung, das Familienwappen. Maja in Afrikaans: wie die Biene zur *Erdbiene,* Maja in Notenschrift: wie sie zur *Opernprimadonna* mutiert.

Erst wenn die Ausstellung vorüber und die Exponate heimgekehrt sind, wird also in Ambach wieder die alte Atmosphäre hergestellt sein. Freilich, der flüchtige Besucher nimmt von solchen Veränderungen kaum etwas wahr. »Wenn du ein guter Mensch bist, so komm herein, bist du es nicht, so geh weiter!« steht noch immer in bestem Ungarisch am buntbemalten Gartentor, das der Erbauer des Hauses, der Maler Gyula von Benczur, vorzeiten hat errichten lassen; in dem Kapellchen neben der Pforte werden nach wie vor – alter Tradition gemäß – die Maiandachten abgehalten; und die Nachbarn im Dorf, von ein bißchen Arzt- und Schauspielerprominenz abgesehen, sind Bauern wie seit Jahr und Tag. Vielleicht, daß es ein wenig stiller geworden ist in all den Jahren: Faktotum Betty, den Bonsels viele Jahrzehnte treu ergeben, ist ihrem Herrn ins Grab nachgefolgt, *Poker* und *Fräulein Schmidtchen,* die beiden

Haushunde, leben nur noch in ihren Anekdoten fort. Und doch: Es ist eine trügerische Stille. Die Witwe ist am Werk. Rose-Marie Bonsels sorgt dafür, daß das Vermächtnis ihres Mannes nicht in Vergessenheit gerät. Mit jeder Hilfe, gegen jeden Widerstand. ›Mütter und Amazonen‹ heißt das Buch, das sie gerade liest, Sir Galahad hat es geschrieben, es ist die erste weibliche Kulturgeschichte. Vielleicht, wer weiß, strömt ihr auch aus diesem Werk neue Kraft zu. Wie sagt die Biene Maja? »Leben Sie wohl, ich habe noch allerlei vor.«

Die gleichsam geronnene Zeit

Alessandra di Lampedusa

> Die Bedeutung eines adeligen Geschlechts liegt ganz in den Traditionen, das heißt: in den lebenskräftigen Erinnerungen.
>
> Giuseppe Tomasi di Lampedusa

Die ersten Annäherungsversuche waren entmutigend: Die *Principessa,* hoch in den Achtzigern, lasse niemanden an sich heran, gerade erst sei das ZDF abgeblitzt, nicht einmal von ihrem Palast habe sie das Aufnahmeteam Bilder machen lassen, der Kommentator erwähnt es ausdrücklich. Dazu ihr Pendeln zwischen Palermo und Rom: Kaum war sie am einen Ort gesichtet worden, war sie auch schon am andere untergetaucht. Und sich bei ihr als Patient einschleichen? Die Fürstin, soviel war durchgesickert, arbeite nämlich noch immer in ihrem angestammten Beruf als Psychoanalytikerin: Sollte ich mich ihr also vielleicht als Zwangsneurotiker nähern? Rasch ein paar Phobien her, angereichert mit einem Schuß Hysterie, und das Ganze abgeschmeckt mit einer Prise Ödipuskomplex - wäre das vielleicht das Rezept, an sie heranzukommen? Aber wäre sie, die gewiefte Seelenseziererin, nicht die erste, das abgefeimte Spiel zu durchschauen?

Nach einer Serie zermürbender Versuche gelang es schließlich, ihr wenigstens einen Bescheid zu entlocken: Jawohl, sie sei grundsätzlich bereit, mich zu empfangen – allerdings nicht vor Mai. Jetzt war Dezember. Ich spürte: Hier ist ein anderer Zeitbegriff in Kraft, ein fremdes Kalen-

Im Schloßpark von Stomersee (Lettland):
Giuseppe und Alessandra Tomasi di Lampedusa in jungen Jahren.

dersystem, das stehst du nicht durch. Die ›gleichsam geronnene Zeit‹ heißt es im ›Leoparden‹.

Mir blieb nur die Hoffnung auf einen frühen Frühling. Und der frühe Frühling kam.

Mit den ersten Krokussen flatterte mir die kaum noch erwartete Einladung ins Haus. Ich möge Mitte März nach Palermo kommen, alles Weitere über die *dama di compagnia.*

Bereits 48 Stunden vor dem vereinbarten Termin bin ich in der Stadt – ein eigener Nachmittag ist für den berühmten *Giardino Botanico* reserviert, in dem Goethe an einem Apriltag des Jahres 1787 das Erlebnis der Urpflanze gehabt hat. Der Gasthof, in dem er abgestiegen war, die *Locanda nobile al Cassaro morto,* war nur wenige Schritte vom heutigen Palast der Lampedusa entfernt – eine Marmortafel aus neuerer Zeit hält die Erinnerung an den berühmten Gast aus dem Norden lebendig. Zwei Häuser weiter, nun schon den Lampedusa unmittelbar benachbart, ein zweiter beziehungsvoller Hinweis: Von hier aus sei Garibaldi mit dem Schlachtruf »Rom oder Tod« ausgezogen, Italien zu einigen – damals im Frühjahr 1860. Mit seiner Landung in Marsala setzt die Romanhandlung im ›Leoparden‹ ein, die Ablösung der sizilianischen Feudalherrschaft durch die bürgerliche Revolution bleibt ihr weiteres Thema.

Soll ich das verlockende Spiel der Bezüglichkeiten noch weiter treiben? Etwa, indem ich darauf verweise, daß der Witwensitz der Fürstin Lampedusa sich an die Bastionen der *mura delle cattive* anlehnt, die ihren Namen von jenen ›Eingeschlossenen‹ herleiten, denen es – damaliger Sitte gemäß – nur hier gestattet war, sich außerhalb ihrer Häuser frei zu bewegen: den Witwen der Stadt?

Doch was ist inzwischen aus der Via Butera, der Straße der Goethe, Garibaldi und Lampedusa, geworden! Von den wenigen inwendig intakt gebliebenen Palazzi abgesehen: ein Slum. Auf den Gehsteigen türmt sich der Unrat, von den Wäscheleinen, die sich von Fenster zu Fenster spannen, tropft dem Passanten das Spülwasser auf den Kopf, an einem Hydranten werden gerade einem heftig widerstrebenden Kind Hals und Nacken gewaschen. Die Schauseite der Häuser, auch desjenigen, in das ich für übermorgen eingeladen bin (der Dichter nennt es im Roman den ›Palast am Meer‹), geht auf die offene See hinaus; hier immerhin gibt es den einen und anderen frischen Anstrich. Die Fensterläden sind geschlossen – mit gutem Grund: An der breiten Uferstraße nach Messina tobt der Lautsprecherlärm eines Lunaparks, und brechen die Schausteller ihre Zelte ab, so wird erst recht eine Ödnis sichtbar, die nicht nur in den Augen der Anrainer die häßlichste *lunga mare* von ganz Italien ist.

Der Niedergang des Fürstengeschlechts von Salina (hinter dessen Namen Giuseppe Tomasi di Lampedusa im Roman seine eigene Familie versteckte) hat inzwischen jede nur denkbare Gestalt angenommen. Damit der einst so berühmte Name wenigstens teilweise erhalten blieb, hat der Autor des ›Leoparden‹, selber kinderlos, in späten Jahren einen seiner engsten Schüler adoptiert: Gioacchino Lanza, Urbild des Charmeurs Tancredi, darf sich also, wenn schon nicht *Lampedusa,* so doch wenigstens *Tomasi* nennen und den Titel eines *Herzogs von Palma* führen. Palermo ist ihm freilich längst zu eng geworden: Er hat als Mann der Musik in Rom Karriere gemacht.

Wäre nicht der Welterfolg des Romans, der an der Schwelle der fünfziger zu den sechziger Jahren dem schönen Namen zu neuem Klang verhalf, und ließe man sich von einem Lokalaugenschein im heutigen Palermo leiten, reduzierten sich die *Lampedusa* unweigerlich zum Synonym für Verarmung und Verfall: Der Stadtpalast in der Via di Lampedusa nahe der Hauptpost, in dem am 23. Dezember 1896 der Dichter des ›Leoparden‹ zur Welt gekommen ist, wurde – da inmitten des deutschen Viertels der Stadt gelegen – im Kriegsjahr 1943 ein Opfer amerikanischer Bombenabwürfe; heute erinnern nur noch ein paar Mauerreste an den stattlichen Besitz, von dessen Mieteinnahmen die Lampedusa, des einstigen Reichtums seit langem ledig, ihren Unterhalt bestreiten.

Noch deprimierender bietet sich die *Villa Lampedusa* dem Besucher dar. Sie ist das Vorbild jener *Villa Salina* am Rande der Stadt, in deren ›abgesonderte Stille‹ der Autor die Protagonisten der Romanhandlung immer wieder zurückkehren läßt. Der Taxifahrer, den ich mit der Ausfindigmachung betraue, setzt mich erst nach manchem Hin und Her bei dem stacheldrahtversperrten Ruinengrundstück ab. Der ehemalige Park: teils Rinderweide, teils Karfiolacker, teils Müllhalde. In den einsturzgefährdeten Gemächern: streunende Hunde. Im Gerümpel der Hauskapelle: die Reste einer Herrschaftskutsche. Der auf drei Bergspitzen tanzende gekrönte Leopard ist längst aus dem Wappen verschwunden – als ich mir über die brüchige Freitreppe einen Weg ins Hausinnere bahne, treffe ich auf eine Handvoll Architekturstudenten, die hier an ihrem vorlesungsfreien Vormittag eine Reihe stilgeschichtlicher Streitfragen zu klären hoffen. Wird ihnen das noch gelingen?

Die Salesianermönche hatten vor Jahren den Plan, das Anwesen wiederherzustellen und ihm als Jugendheim eine neue Bestimmung zu geben: Sie haben ihn aufgegeben. Der Verfall war wohl zu weit fortgeschritten, hatte ja auch schon etliche Generationen früher eingesetzt, der Dichter und die Seinen hatten mit diesem Besitz bereits nichts mehr zu tun. Ein Landsitz mag anderswo zum Begehrtesten zählen – in Sizilien hat die Mafia dafür gesorgt, daß sich mit dem Begriff in erster Linie Angst und Schrecken verbinden.

An verlassenen Moscheen und neuerrichteten Wohnsiedlungen vorbei fahre ich in die Stadt zurück. Ein Lebensmittelladen am Weg trägt den amerikanischen Namen ›Grocery Market‹, ein Schnellrestaurant den deutschen ›Treffpunkt‹. In der Buchhandlung, in der ich nach Lampedusa frage, legt man mir Bildbände und Reisehandbücher vor: Die Insel Lampedusa, Teil des Pelagischen Archipels, ist ein beliebtes Ausflugsziel auf halber Strecke zwischen Malta und dem tunesischen Festland. Erst beim zweiten Anlauf gelingt es, das Verkaufsgespräch in die gewünschte Richtung zu lenken. Ich erwerbe eine kurzgefaßte Lampedusa-Biographie; für manche Leute war ja die Geschichte seines Ruhms fast eindrucksvoller als ›Der Leopard‹ selbst: die Geschichte vom sizilianischen Hocharistokraten, der, Offizier zweier Weltkriege und Privatgelehrter, fünfundzwanzig Jahre lang nicht den Mut aufbringt, den Roman zu schreiben, von dem er träumt: die Elegie auf seinen Großvater Giulio, den das plötzliche Ende der Adelsherrschaft mit der neuen Klasse der bürgerlichen Geschäftemacher konfrontiert; der als Mann von sechzig, bis dahin weltabgewandt in seinem Palermitaner Palast seinen Studien nachhängend, Proust und Stendhal seinen medioker-larmoyanten Landsleuten vorziehend, den schriftstellernden Cousin zu einem Dichterkongreß nach San Pellegrino begleitet und der nach der Rückkehr in einer einzigartigen *tour de force* das Versäumte nachholt und binnen weniger Monate den ›Gattopardo‹ niederschreibt, das Manuskript unter Pseudonym anbietet, bei allen Verlagen abblitzt, darüber stirbt und erst ein Jahr nach seinem Tod triumphal entdeckt, identifiziert, gedruckt, nachgedruckt, übersetzt, verfilmt, prämiiert und gefeiert wird.

Nun auf einmal erfährt die Welt, was für ein unerkanntes Genie da all die Jahre unter ihnen gelebt hat: Seine Biographen beeilen sich, das abgesonderte Leben des späteren Debütanten in allen Einzelheiten zu rekonstruieren. Ich sehe den alten Herrn, wie es seine Gewohnheit gewesen ist, zur frühen Morgenstunde den ›Palast am Meer‹ verlassen, im Caffè Massimo die *colazione* einnehmen, im ›Caflisch‹ an der Via Roma seine Freunde treffen, in der Libreria Flaccovio die fälligen Neuerwerbungen für seine Privatbibliothek abwickeln, in einem nahen Restaurant zum Lunch einkehren und schließlich an einem der Marmortische des Caffè Mazzara sich für längeres Verweilen einrichten, das jüngste Stück Text, wie immer in ein schwarzes Schulheft eingetragen, beim Qualm der Zigarre überarbeitend und korrigierend. Dann rafft er Manuskripte und Bücher, Artischocken, und was er sonst an frischen Köstlichkeiten auf einem der nahen Märkte fürs häusliche Nachtmahl erstanden hat, zusammen, stopft es in seine Tasche und tritt den Heimweg in die Via Butera an: Es ist die Stunde, da auch die *Principessa* ihr Sprechzimmer verläßt und sich für den Rest des Tages ihrem Gemahl zugesellt.

Seit 1932 sind die beiden miteinander verheiratet, in Riga war die Hochzeit. Kennengelernt hatte man sich in London – in der Residenz des italienischen Botschafters: Der Marquese della Torretta war nicht nur Alessandras Stiefvater, sondern zugleich Giuseppes Onkel. Sie war zu Besuch bei den Eltern, er machte Station auf einer seiner ausgedehnten Auslandsreisen …

Frühjahr 1981. Giuseppe Tomasi di Lampedusa ist seit 24 Jahren unter der Erde. Die Operation, zu der man ihn schließlich hatte überreden können, brachte keine Hilfe mehr: Krebstod in einer Privatklinik in Rom. Fünf Tage vorher kam noch ein letzter ablehnender Verlagsbescheid – er traf ihn weniger schmerzlich als mancher vorangegangene: Wenigstens einmal ein Lektor, der das Manuskript gründlich gelesen hatte ...

Wieder kommt mir das Wort von der ›geronnenen Zeit‹ in den Sinn: Obwohl ein Jahr älter als ihr Mann und somit 86, geht die Witwe unverändert ihren gewohnten Tätigkeiten nach, die Tageseinteilung hat nichts von ihrer früheren Strenge verloren. Um mich empfangen zu können, muß sie an diesem Nachmittag zwei ihrer Patienten ausfallen lassen, für 18 Uhr ist der nächste bestellt, ich werde ausdrücklich darum ersucht, pünktlich zu sein. Wenn das Schellen am Hauptportal nicht zum Erfolg führe, möge ich mich einer Geheimglocke drei Türen weiter bedienen – sie ist ausdrücklich, um für Lausbubenhände unerreichbar zu sein, höher montiert.

»Sie müssen wissen: Ich lebe wie in einer Festung.«

Spielt sie damit auf die einstige Funktion des Hauses an, das einmal der kanonenbewehrte Sitz der Militärkommandantur von Palermo gewesen ist? Oder denkt sie an den Entführungsterror des heutigen Italien?

Eine Bediente läßt mich in den Innenhof ein, der Fahrstuhl bringt uns in den zweiten Stock. Sämtliche Fensterläden sind dicht geschlossen, ich trete in nachtdunkle Räume, die wenigen Lampen spenden mattes Licht. Aus der Düsternis löst sich, von Kopf bis Fuß in Schwarz gehüllt, eine große, nur beim Gehen in leichte Gebücktheit verfallende Gestalt: die *Principessa.* Um die Schultern ein Pelzcape, um die Stirn ein Samtband, welches das fast unsichtbare Haarnetz zusammenhält, Gehstock, schwerer, alter Schmuck. In den Gesichtszügen an die Bette Davis ihrer letzten Filme erinnernd, Heroinenpathos in der Stimme. Ich spüre sofort: Hier ist nicht an ein *Gespräch* gedacht, hier wird eine *Audienz* gewährt. Die beiden Lehnstühle, in denen wir uns niederlassen, sind nicht gegenüber, sondern nebeneinander aufgestellt: So sehe ich die Fürstin immer nur im Profil, nie *en face*. Auf einem Tischchen das Porträtphoto des Dichters, im Hintergrund ein kleiner Elektrostrahler – mich fröstelt: Er kommt gegen die Kühle der hohen Wände nicht auf. Dunkle Tafelbilder unter der Decke, sparsam verteiltes Chippendale, die vor den Bomben geretteten Bücher, auf einer eigenen kleinen Ablage eine Auswahl der verschiedenen ›Leopard‹-Ausgaben – der Roman ist in dreiundzwanzig Sprachen übersetzt. Fünf davon spricht die Witwe selbst.

Ich kann meine Fragen – ›precise, non generiche‹ hatte sie sich schon in ihrem Willkommbrief ausbedungen – auf deutsch vorbringen: Die Fürstin Lampedusa hieß mit Mädchennamen Wolff-Stomersee, erst durch ihre Ehe ist aus der *Alexandra* eine *Alessandra* geworden. Die Mutter war Italienerin, väterlicherseits entstammt sie dem baltischen Landadel.

Stomersee, das Schloß ihrer Kindheit, steht in Lettland. Jeden Sommer trat sie die Reise in die ferne Heimat an – zuletzt 1942, als ein Unternehmen dieser Art bereits ziemlich waghalsig war. So weitläufig ist der Besitz, daß er gleichzeitig eine Agrarhochschule und ein Pionierlager beherbergen kann; im großen Saal des Schlosses ist ein Theater untergebracht. Die Fürstin zeigt sich über alles genau informiert – über Zuträger. Denn natürlich ist sie selber seit dem Einmarsch der Russen nicht mehr dort gewesen. Schon in der Sowjetbotschaft in Rom von jemandem erkannt zu werden, wäre für sie ein unerträglicher Gedanke. Alessandra di Lampedusa ist eine Frau von strengsten Grundsätzen. Und in manchem nicht von dieser Welt. Sie zu beschreiben, reichen unsere heutigen Sprachmittel nicht aus: ›Herrin‹ hat man seinerzeit diesen Typ Frau genannt.

Die langen Winterabende in Lettland – womit beschäftigt sich da ein junges Mädchen von eigenständiger Intelligenz? Baronin Alexandra las Sigmund Freud. Und der Abgott der Jugendjahre blieb der Abgott fürs ganze Leben: Bei Felix Böhm in Berlin, Freuds jüngstem Schüler, studierte sie die Psychoanalyse, in Italien legte sie die Examen ab, bald hatte sie ihre eigene Praxis, und noch immer ist der Zustrom der Patienten nicht versiegt: »Ich arbeite von früh mittags bis spät nachts.«

An den Wochenenden gibt sie ihr Wissen an die Studenten weiter, die sie umlagern, erst voriges Jahr hielt sie vor neunzig Psychoanalytikern in Rom einen Fachvortrag, in Palermo hat man sie zur Präsidentin gemacht. Ihre nächsten Veröffentlichungen werden Probleme der Nekrophilie behandeln sowie die Heilung eines Werwolfs mit psychoanalytischen Mitteln.

Worauf es ihr besonders ankommt?

»Daß die psychoanalytische Technik richtig ausgeübt wird.« Im übrigen weiß sie genau um deren Grenzen: Nur drei Krankheiten seien mit ihr zu heilen – Zwangsneurosen, Phobien und Hysterie.

Ob sie wohl so, wie sie jetzt mir über ihr Fachgebiet referiert, auch den Gemahl an ihren Erkenntnissen teilhaben ließ? War nicht der Sessel, von dem aus ich ihr lausche, auch sein Sessel? Hier schrieb er seinen großen, seinen einzigen Roman. Kein Schreibtisch, keine Schreibmaschine. »Das schwarze Schulheft auf den Knien, ein festes *cartello* als Unterlage – das war alles. Daß er den ›Leoparden‹ im Caffè Mazzara geschrieben hätte, ist nichts als eine Legende – dort hat er gefeilt, korrigiert.«

1955 fing er mit der Niederschrift an. »Und eines Abends las er mir ein Stück daraus vor. ›Tu as du talent‹, war meine Antwort. Denn wir sprachen miteinander französisch. Und so schrieb er weiter. Nicht einmal ein Jahr – und er war fertig. Une personne supérieure. Dieses Wissen! Und kein Lexikonwissen! Alles hatte bei ihm einen persönlichen Anstrich.« Und ihr Einfluß auf sein Werk?

»Es ist soviel Unsinn verbreitet worden – später, als das Buch da war. Einer hat sogar behauptet, *ich* hätte es geschrieben. Einfluß? Mein Mann hätte sich nicht beeinflussen lassen. Vier oder fünf meiner Gedanken habe ich darin wiedergefunden, aber erwarten Sie nicht, daß ich Ihnen sage, welche. Übrigens ist ›Der Leopard‹ auch nicht der Schlüsselroman, zu dem er immer wieder gemacht wird. Alle glauben, sich in dieser oder jener Figur wiederzuerkennen. Erst unlängst hat das *Giornale di Sicilia* wieder über einen solchen Fall berichtet. Alles Unsinn, ich reagiere darauf gar nicht mehr.«

Die Originalausgabe des ›Gattopardo‹, über Vermittlung Giorgio Bassanis 1958 von dem Mailänder Verleger Feltrinelli herausgebracht, hatte eine Startauflage von dreitausend Exemplaren. Niemand schien also mit einem solchen Erfolg zu rechnen?

»Auch ich nicht. Nicht im Traum. Wenn ich mir vor Augen halte, was die Italiener so lesen ...«

Und dann auf einmal die viele Verehrerpost ...

»Richtig. Sogar aus dem Gefängnis. Ein Häftling schrieb einen langen Brief, in dem er sich lobpreisend darüber ausließ, wie treffend der Autor die Gefängnisatmosphäre wiedergegeben habe.«

Die Reise des Fürsten Salina zu seinen Besitzungen im geliebten Donnafugata, ein Unternehmen von drei Tagen, wird in einem elenden Nest namens Bisacquino unterbrochen; in der jämmerlichen Locanda, in der man zur Nacht absteigt, peinigt die hohen Gäste »ein starker Geruch nach menschlichen Exkrementen«, er verfolgt Don Fabrizio bis in seine Träume. Dem Briefschreiber sei nicht auszureden gewesen, daß der Autor des ›Leoparden‹ hier auf eigene Gefängniserfahrungen zurückgegriffen haben müsse ...

Auf das Buch folgte der Film – vier Jahre danach. Burt Lancaster als ›Leopard‹, Alain Delon als dessen Lieblingsneffe Tancredi, Claudia Cardinale in der Rolle der schönen Tochter des Emporkömmlings Sedara, Regie: Luchino Visconti. Heute fast schon ein Stück Filmgeschichte.

»In der Tat: sehr soigniert. Übrigens lud mich Visconti

zu den Dreharbeiten ein. Es war eine winzige Szene, nicht einmal eine Minute. Ein kleines Mädchen, das einen Hund streichelt. Aber der Regisseur arbeitete Stunden daran. Und dann war die Szene nicht einmal im Film. Fiel unter den Tisch. In der Premiere hätte ich neben Visconti sitzen sollen. Aber ich habe die Einladung ausgeschlagen: Was hätte ich getan, wenn mir der Film nicht gefallen hätte? Ich ging erst tags darauf ins Kino – allein.«

›Der Leopard‹, ein paar verstreute Erzählungen und das Anfangskapitel des Romantorsos ›Die blinden Kätzchen‹ gelten als das Gesamtwerk Tomasi di Lampedusas. Kommt da tatsächlich nichts mehr nach?

»Es gibt noch seine Schriften zur Literatur, die Aufzeichnungen von den Gesprächsrunden mit seinen Schülern. Aber das Manuskript war jahrelang verschollen. Jetzt endlich hat es einer der Diener gefunden – in einem Abstellraum. Auch sonst gibt es noch einiges zu tun. Mein Mann liegt in Palermo begraben, es ist der Friedhof an der Straße nach Monreale. Sie finden den Stein nicht – er trägt nicht seinen Namen. Was sollte ich tun, es war sein ausdrücklicher Wunsch. Über zwanzig Jahre habe ich ihn respektiert. Aber jetzt muß das in Ordnung gebracht werden. Auch wenn sich dieser oder jener darüber aufregen sollte. Ist es nicht völlig gleichgültig, was wir tun? Wir Dichterwitwen haben auf alle Fälle eine schlechte Nachrede. Nehmen Sie, wen Sie wollen: Sofija Tolstoi zum Beispiel. Und was war sie für eine ausgezeichnete Frau! Oder Anna Grigorjewna Dostojewskaja: Sie hat ihren Mann gerettet.«

Alessandra di Lampedusa blickt auf die Uhr, dann gibt sie das Zeichen zum Aufbruch. Sie muß einen Stock tiefer – zurück in die Sprechstunde, es wartet der nächste Patient.

Es ist Montag, die Dienerschaft hat Ausgang, die Fürstin geleitet mich selber zum Aufzug. Unterwegs frage ich sie vorsichtig nach einer Photographie von ihr und ihrem Mann.

»Eine Photographie?« Es ist, als verstünde sie nicht, was ich meine.

»O doch«, antwortet sie schließlich nach längerer Pause. »Es gibt eine. Aus unserer Verlobungszeit. Mit den Hunden im Park von Stomersee.«

Ich rechne nach: Das rare Stück muß über ein halbes Jahrhundert alt sein. Wie heißt es im ›Leoparden‹? Die ›gleichsam geronnene Zeit‹...

»OK, DAS STIMMT DOCH GAR NICHT!«

Olda Kokoschka

OK hat ein Recht auf einen schönen Platz.« Also ließ Olda Kokoschka ihren Mann nicht in seiner Wohngemeinde Villeneuve bestatten, sondern in Clarens, auf der Vis-à-vis-Seite des Genfer Sees. Der Friedhof von Villeneuve liegt hinterm Bahnhof, der von Clarens zwischen Weinberg und See. Ich habe mir das große steinerne Kreuz, in das nur sein Name und seine Lebensdaten eingemeißelt sind, angesehen: würdig und nobel. Ein paar Gräber weiter liegt Vladimir Nabokov – welch ein Unterschied! Ein Marmormonument, so theatralisch wie sein letztes Domizil, das legendäre Luxushotel *Montreux Palace.*

Sie haben einander nicht gekannt: der Dichter aus Rußland und der Maler aus Österreich. Aber hat Oskar Kokoschka nicht überhaupt wenig Umgang gepflegt mit all der rund um den Genfer See versammelten Prominenz? Am ehesten konnte ihn noch ein Kammerkonzerttermin in Vevey aus dem Haus locken. Charlie Chaplin, der seinen Besitz im nahen Corsier gehabt hat, hatte ihn schon in Londoner Tagen gelangweilt: Stundenlang redete er von nichts anderem als seinem Verdruß über irgendwelche Steuersachen. Nur mit den Furtwänglers war man viel zusammen. Zu dem geplanten Porträt ist es dennoch nie gekommen: Der Maestro kränkelte schon, immer wieder mußten Sitzungen verschoben werden, die Leinwand blieb leer, und leer bewahrte OK sie auf – zu Wilhelm Furtwänglers Gedenken.

Um so stärker Kokoschkas Beziehung zu der Landschaft, die seinen Alterssitz prägte; Adolf Loos, sein Freund und

Lehrmeister, hatte ihm die Augen dafür geöffnet – damals nach dem Ersten Weltkrieg, als er dem um 16 Jahre Jüngeren die von ihm 1904 erbaute *Villa Karma* zeigte. Einer der vielen Überraschungsfunde bei der Vorbereitung der Briefbände, die jetzt Zug um Zug erscheinen, war eine Mitteilung Kokoschkas an einen seiner Freunde in den zwanziger Jahren, wie sehr er sich ein Haus am Genfer See wünschen würde. »Ich muß zugeben«, sagt die Witwe, »das hat mich, als ich es las, gerührt.«

Olda Kokoschka ist nicht die Frau, die ihr Herz auf der Zunge trägt. Aber man braucht kein gelernter Psychoanalytiker zu sein, um es dennoch schlagen zu hören: hinter ihrer herben, noch von einem leicht tschechischen Akzent gehärteten Sprache. Der gute Kamerad, der es nicht nötig hat, Zusammengehörigkeit mit pathetischen Gebärden, Trauer mit Tränen zu demonstrieren. Da ist nichts von peinlicher Sentimentalität, nichts von jenem aufdringlichen Fetischismus, der sich in den Domizilen verstorbener Künstler so oft mit der Zurschaustellung ihrer Hinterlassenschaft verbindet, und eine Frage wie die nach dem gesegnet hohen Alter, das Kokoschka erreicht habe, die so manche Künstlerwitwe zu penetrantem Selbstlob verführen würde, zu weitschweifiger Beteuerung von Aufopferung und Verzicht, von Rücksichtnahme und Sorgfalt, läßt Olda Kokoschka gar nicht erst an sich herankommen. Daß sie, wenn sie von OK spricht, niemals »mein Mann« sagt oder »Oskar«, sondern sich – so wie alle Welt – jenes Kürzels bedient, mit dem er seine Bilder signiert hat und mit dem er in die Kunstgeschichte eingegangen ist, gehört mit zu jener objektivierten Zärtlichkeit, die dieser nur scheinbar spröden Frau eigen ist. Alles an ihr atmet Korrektheit, Zuverlässigkeit, Engagement.

Understatement auch, wenn man sie nach ihrer Rolle als OK-Modell befragt: Die 1956 von der Salzburger Galerie Welz aufgelegte Mappe ›Olda‹ gehe auf Zeichnungen aus der Prager Zeit zurück, als Lichtdrucke reproduziert, und das 1963 in Villeneuve entstandene Doppelporträt des Ehe-

Oskar und Olda Kokoschka 1971 im Münchner Haus der Kunst (vor dem berühmten Doppelporträt aus dem Jahr 1963).

paares hänge als Dauerleihgabe im Salzburger Rupertinum. »Ich eigne mich nicht zur Muse.«

Kokoschka lernt sie 1934 kennen, als er nach dem Tod seiner Mutter von Wien nach Prag zieht. Olda Palkovska, Tochter einer gutbürgerlichen Juristenfamilie mit Elternhaus auf den Anhöhen des Hradschins, würde gern Kunstgeschichte studieren, doch fehlt es dafür an der Prager Universität an den geeigneten Lehrern, und so entscheidet sie sich, der Familientradition folgend, für die Jurisprudenz. In seiner Autobiographie erinnert sich Kokoschka 37 Jahre später an jene Zeit:

»Sie holte mich oft in meinem Atelier ab, ich begleitete sie durch die alten Gärten und Parks zum Haus ihrer Eltern. Wir wärmten unsere Hände unterwegs an den heißen Kastanien, die ein alter Mann auf seinem Öfchen briet und den Spaziergängern feilbot. Ich erzählte ihr Geschichten, die ich später sogar niedergeschrieben habe; doch sie behauptete noch nach Jahren, sie damals nicht verstanden zu haben, weil ich meinen wienerischen Dialekt nie aufgegeben habe, während sie in der Schule das korrekte alte Prager Hochdeutsch gelernt hatte. Doch wir verstanden uns recht gut.« Olda Palkovska promoviert, Kokoschka nennt sie scherzweise einen ›Doktor der tschechischen Unrechte‹. Später geht das Dekret verloren, doch was tut's: Sie hat den erlernten Beruf sowieso zu keiner Zeit ausgeübt.

Nicht einmal als Kokoschkas ›Hausjurist‹?

»Er hat keinen gebraucht. OK war kein Streithansl.«

1938 verlassen die beiden Prag und weichen vor den Nationalsozialisten nach England aus. Mitten im Krieg wird geheiratet: Das Standesamt ist in einem Luftschutzkeller untergebracht, die ›Hochzeitsreise‹ führt ins Kino. Und London bleibt weiterhin ihre Wahlheimat – auch lange nach dem Krieg.

Olda Kokoschka allerdings hat – im Gegensatz zu ihrem Mann – die Verbindung zur Heimat nie abgebrochen: Kaum ein Jahr, da sie nicht nach Prag fährt. Einer unter vielen Gründen: »In Prag hängen seine schönsten Landschaften.« Wieso hat OK sich ihr nie auf diesen Reisen angeschlossen? »Es war seine Art, mit bestimmten Dingen abzuschließen. Auch mit Dresden war das so: Er hatte eines Tages genug von Dresden, also ging er von Dresden weg. Auch von Prag ging er gern weg. Und – er liebte London. London – das war für ihn das eigentliche Europa. *Sein* Europa. Das Europa innerhalb des Limes. Das Römische Reich. Die Übersiedlung nach England bedeutete für ihn daher auch kein Exil. Exil – darin drückt sich ja der Wunsch nach Rückkehr aus. Wenn wir nach *Amerika* gegangen wären – *das* wäre Exil gewesen.«

Und die spätere Übersiedlung in die Schweiz?

»Es war im Sommer 1950. Wir waren wieder einmal mit unserem VW-Käfer auf dem Kontinent unterwegs. Als wir uns dem Genfer See näherten, sagte OK: ›Jetzt fahren wir so lange, bis wir das Wasser sehen – dort schauen wir uns nach einem Bauplatz um.‹ Hier, in Villeneuve, fanden wir ihn. Und mit einem Kurs an der *Minneapolis School of Art* hat er das Geld für den Hausbau verdient. Es durfte nichts zu Aufwendiges werden, durfte nicht das gesamte Geld verschlingen. ›Den Rest brauch' ich für Wien‹, sagte OK.«

Wien – das war die Familie. Der jüngere Bruder. Oskar Kokoschka hat sich zeitlebens für die Seinen verantwortlich gefühlt.

»Deshalb ist es auch so ungerecht, ihm nachzusagen, er sei so sehr hinterm Geld hergewesen. Die Wahrheit ist: Er hatte immer große *Geldprobleme.* Als seine Schwester in Prag einen Marineoffizier heiratete und eine standesgemäße Aussteuer brauchte, war er es, der die Kaution stellte.« Sein einziger persönlicher Luxus: Er hielt streng auf korrekte Kleidung. »Das hat er von Loos.« Keine Prestigesache hingegen war für ihn das Auto: »Unser Gärtner fuhr einen großen Opel, wir unseren alten VW. Dem Gärtner war's peinlich, OK hat's amüsiert.« Am Steuer saß Frau Olda: »Aber er war ein vorzüglicher Mitfahrer. Wenn's irgendwelche Anstände gab, war er immer auf meiner Seite.«

Die Witwe führt mich durchs Haus. Gerade ist der Gärtner mit seinem Tagespensum fertig geworden, auch die Haushälterin meldet sich fürs Wochenende ab. Die Touristensaison geht dem Ende zu: keine jener neugierigen Spaziergänger, die zu Kokoschkas Lebzeiten bisweilen über den Zaun lugten und den Meister bei der Gartenarbeit oder bei seiner Lieblingsbeschäftigung, dem Feuermachen, überraschten – mit kecken Zurufen wie diesem: »Guten Tag, Herr Professor! Ich wollte Sie schon immer einmal sehen!«

Und Kokoschkas knurrige Erwiderung: »Na, nun *haben* Sie mich ja gesehen!« Sprach's und drehte sich um.

Olda Kokoschka hat seit dem Tod ihres Mannes im Februar 1980 nichts geändert. Das flach wirkende, rosa getünchte Chalet mit dem vielen Baum- und Rasengrün ringsum ist ausgesprochen wohnlich. »Wenn Sie sich genau umschauen, werden Sie manchen Einfluß von Adolf

Loos erkennen: an den Proportionen, an der Innentreppe, am Durchgang zum Malzimmer, am strengen Verzicht auf alle Kinkerlitzchen.«

In der Bibliothek schöne, alte Möbel, der behagliche Kaminplatz, hinterm Schreibtisch ein Jugendporträt von Frau Olda: 1936 mit OK im Garten ihrer mährischen Großeltern. Nebenan sein Florentiner Selbstbildnis aus dem Jahr 1948 und eines seiner letzten großen Ölbilder: Peer Gynt. Die Videothek neben dem Fernsehapparat ist minimal bestückt: nur Kopien von Kokoschka-Filmen. Die großen Fenster im Malzimmer sind zum Teil abgedunkelt, die Farben und Pinsel, die er auf dem Tisch vor der Staffelei auszubreiten pflegte, weggeräumt.

Hat er bis zum Schluß gearbeitet?

»Die allerletzten Jahre hatte er Schwierigkeiten beim Gehen, auch hörte er nicht mehr so gut. Durchs Rauchen war es zu einer Verengung der Arterien gekommen. Dabei war er ein durchaus maßvoller Raucher: drückte die Zigaretten immer wieder aus, weil er ja die Hände zum Malen brauchte. Als weitere Stimulantien dienten ihm Whisky und Kaffee, später Rotwein. Am Whisky schätzte er, daß man dabei einen klaren Kopf behält. Und weil diese Vorliebe allgemein bekannt war, bekam er ihn von überallher geschenkt, das Haus geht noch heute von Whisky-Vorräten über.« Seine Altersbeschwerden hatten auch eine Umstellung in der Arbeit zur Folge:

»Ölbilder hat er immer im Stehen gemalt – also hörte er nun damit auf und ging zu kleineren Formaten über: Aquarellen und Zeichnungen. Und auch das nur bis 1977. Dann war er verbraucht, war oft müde. Wollte auch keine neuen Leute mehr kennenlernen. Er las viel – oder ich las ihm vor: Geschichtliches, Archäologisches, auch manches Englische. Im Belletristischen war Siegfried Lenz sein erklärter Favorit.«

Kurz vor seinem 94. Geburtstag starb Oskar Kokoschka:

»Ich dachte, er ist ausgerutscht, und brachte ihn zur Röntgenaufnahme nach Montreux. Aber es war nicht das

Hüftgelenk. Es war ein Muskelriß. Er blieb zur Beobachtung im Krankenhaus. Dann trat ein Gehirnschlag ein, schließlich Koma. Zweieinhalb Tage, dann war es zu Ende.« Oskar Kokoschka starb mit der gleichen Diskretion, mit der er seine Geschwister vom Tod der Mutter ferngehalten hatte (seine Schwester Bertha sogar erst nach der Beerdigung von dem Ereignis unterrichtend).

Olda Kokoschka lebt mit den Bildern ihres Mannes – auch wenn diese außer Reichweite sind: Ihre eigene Kartothek, laufend auf den neuesten Stand gebracht, befähigt sie zu jeder Art von Hilfeleistung, damit der in Wien entstehende Œuvre-Katalog gut vorankommt; sie verfolgt Spuren verschollener Porträts (wie etwa der 1972 in New York wiederaufgetauchten Bessie Loos, des noch immer unauffindbaren ersten Karl Kraus und des geheimnisumwitterten Gustav Meyrink); und sie ist, wenn Anfragen zum Werk ihres Mannes bei ihr eintreffen, eine zuverlässige Korrespondentin. War nicht schon OK, dem Autogrammjäger an und für sich lästig waren, außerstande, Briefe mit frankiertem Rückkuvert unerledigt zu lassen? »Er wäre sich wie ein Defraudant vorgekommen.«

Im gleichen Jahre 1953, da die Kokoschkas das neuerbaute Haus in Villeneuve bezogen, eröffnete der Siebenundsechzigjährige in der Festung Hohensalzburg seine nachmals berühmte ›Schule des Sehens‹ – Sommerkurse mit ausgewählten Schülern aus allen Teilen der Welt. Mit einigen von ihnen – OK berichtet in seinen Memoiren nicht ohne Stolz, daß sie inzwischen selber an vielen Universitäten und Kunstschulen lehren, einer sogar bei den Eskimos – steht die Witwe noch heute in lebhaftem Kontakt, und nichts kann ihr mehr Freude machen als Erfolgsmeldungen von deren eigener Karriere: Einer von ihnen hat kürzlich den Sprung vom zwar ehrenvollen, aber miserabel dotierten Job in den *Uffizien* zum hochbezahlten Posten des Chefrestaurators am *Getty-Museum* geschafft.

Unser Gespräch wird durch ein längeres Telephonat unterbrochen: Heinz Spielmann, mit dem sich Olda Kokoschka die Arbeit an der großen Briefedition geteilt hat, ruft aus Hamburg an.

Die Beschäftigung mit der Korrespondenz war für Olda Kokoschka nicht nur ein Abenteuer mit ständig neuen Überraschungen, sondern auch so etwas wie eine Fortsetzung ihres Kontakts mit dem geliebten Mann über den Tod hinaus.

»So viele deprimierende Briefe schon in ganz jungen Jahren – das hätte ich nicht gedacht. Ich kann nur hoffen, daß er sich durch sie Luft gemacht hat. Zum Glück hatte er ja die Gabe, sich von Schocks rasch zu erholen.«

Nach welchen Kriterien haben Sie Ihre Auswahl getroffen?

»Ich habe genommen, was ich für wichtig halte. Also vor allem die frühen Briefe – sie geben Aufschluß über seine Einstellung zur Zeit.«

Und dann – zum Thema Briefliteratur allgemein: »Wie lange wird es das denn überhaupt noch geben: Briefbände? Jeder weiß doch, daß das eines Tages aufhört. Heute schreibt man keine Briefe mehr. OK war noch einer von denen, die Briefe geschrieben haben. Er hat ungern telephoniert.«

Dank der Kokoschka-Korrespondenz sieht man nun in vielem klarer – und nicht etwa nur, was die Präzisierung der Bilddatierung betrifft:

»Ich hatte zum Beispiel immer geglaubt, er habe eine besonders robuste Konstitution. Dabei zeigen die Briefe nun, wie häufig er schon als junger Mensch krank war. Er hatte Probleme mit den Bronchien, und in punkto Nerven war er typisch ›high strung‹.«

In späteren Jahren ist Olda Kokoschka selber Zeugin, wie leicht er sich verausgabt: »Nach Abschluß der Salzburger Sommerkurse war er jedesmal zwei Wochen fix und fertig. Und bekam meist noch eine Grippe. Er war während dieser Zeit immer vollkommen auf seine Studenten konzentriert, setzte mit jeder eigenen Arbeit aus, malte kein einziges Bild.«

Doch zurück zu den Briefen. Einen eigenen Komplex bildet die Korrespondenz mit Alma Mahler: Zeugnis einer ungewöhnlichen Passion. Olda Kokoschka ist souverän und uneitel genug, dem ›Alma-Erlebnis‹, das sich über die drei Jahre 1912–1914 erstreckte, nichts von seinem Rang streitig zu machen.

»Briefe, die sich wie ein großer Roman lesen. Sehr, sehr schön.«

Eines allerdings stimme nicht – die weitverbreitete Vorstellung von ›Alma und sonst nichts‹:

»OK zog im allgemeinen den Umgang mit Frauen vor. Bei Männern konnte er nie ganz das Gefühl unterdrücken, sie hätten mit Krieg zu tun und mit Umbringen. Es gab also viele Frauen in seinem Leben – vier von ihnen kenne ich selbst.«

Obwohl die Briefausgabe auf seine eigenen Äußerungen beschränkt blieb, ist es doch schmerzlich, daß viele der Gegenbriefe in Verlust geraten sind. In einem Dachzimmer des Elternhauses hatte OK, als er von Wien wegging, Säcke voll Papier zurückgelassen, und aus Angst vor der Gestapo hat sein Bruder sie verbrannt. Die Briefe von Adolf Loos, von Albert Ehrenstein.

Auch solche von Karl Kraus?

»Von Karl Kraus weniger. Vor dem hatte er Angst.« Den Plan, Kokoschkas Briefe zu Büchern zu bündeln, hatte Frau Olda noch zu seinen Lebzeiten mit ihm selbst besprochen. Ein ärgerlicher Vorfall hat dann den Anstoß gegeben, nicht länger damit zuzuwarten:

»Ich bekam in Wien Kopien von Briefen zu Gesicht, die OK an einen seiner Mitschüler in der Kunstgewerbeschule geschrieben hatte – einen Jugendfreund, den er später aus den Augen verlor. Ich habe sie vorsorglich abgetippt – und was sehe ich kurz darauf in einem Auktionskatalog? Dieselben Briefe im vollen Wortlaut abgedruckt – noch dazu fehlerhaft! Und ohne Einwilligung!«

Bei Auktionen tauchen immer mal wieder Kokoschka-Autographen auf: in Marburg, in Basel. Das meiste ist freilich in festem Besitz: in Bibliotheken in Amerika, in Jerusalem, in Helsinki. Es war ein hartes Stück Arbeit, an sie alle heranzukommen.

Wenn Olda Kokoschka von ihrem Mann berichtet, geht es redlich zu: Die auf Pointe hin erzählte Anekdote ist ihre Sache nicht. Weil sie es nicht nötig hat. Was sie mitzuteilen weiß, ist auch ohne Dramatisierung dramatisch, ohne Witzelei amüsant: die Erinnerung an das zwischen ihnen gewohnte Sprachgemisch aus Deutsch und Englisch (»Mir konnte es egal sein – für mich war das eine wie das andere Fremdsprache!«); seine Gelassenheit in Situationen von Zerstörung und Verlust (»Ein Opfer für die Unterirdischen!«); seine Verwunderung über den Kokoschka-Kult in seiner Geburtsstadt Pöchlarn (»Wie wenn ich mit Rüdiger von Bechelaren Fußball gespielt hätte!«); sein Rauchverbot bei den Malkursen (das nur für die Studenten, nicht auch für ihn selbst galt); seine erklärte Neigung zum Flunkern (»Wenn man den Leuten Geschichten erzählt, muß man sie unterhalten!«). Da waren sein Temperament und sein Spieltrieb stärker als Oldas verzweifelter Einspruch: »OK, das stimmt doch gar nicht!«

»Etwas, was er geschrieben hatte, einfach nur vorzulegen, langweilte ihn. Er sprach also in seinen Text hinein, verlor darüber die betreffende Stelle, geriet in Konfusion, gab auf und ging zu freier Rede über. Er war um so besser, je mehr das Publikum mitging. Einmal sollte er in München beim Rundfunk über ein bestimmtes Thema sprechen. Statt sich darauf vorzubereiten, ging er in die Glyptothek. Und sprach dann über etwas ganz anderes. Frei. Und sehr gut.«

Unvergeßlich für Olda Kokoschka, wie er während ihres Florenz-Aufenthalts im Jahr 1948 von dem Plan hörte, Michelangelos David solle zu einer Ausstellung nach Amerika expediert werden: Wutentbrannt stürmte er in die Uffizien und las dem Superintendenten der Toskana die Leviten. Unvergeßlich aber auch, wie es ihm gelang, Alma Mahler-Werfel – aller Entfremdung zum Trotz – 1945 zu CARE-

Paket-Sendungen an seinen in Wien hungerleidenden Bruder Bohuslav zu veranlassen; wie es ihn freute, während eines Zypern-Aufenthalts von österreichischen UNO-Soldaten (»Sind Sie's, oder sind Sie's nicht?«) erkannt und zu gemeinsamen Jeep-Touren eingeladen zu werden; oder wie er Bundeskanzler Bruno Kreisky des ›Kidnapping‹ zieh, als dieser ihn, im Zusammenhang mit der Verleihung der österreichischen Staatsbürgerschaft (die an die Bedingung einer Adresse auf österreichischem Boden geknüpft ist) kurzerhand an seiner eigenen anmeldete:

Wien 19, Armbrustergasse 15.

»Olda hat notiert...«, schreibt Oskar Kokoschka in seiner Autobiographie, als er sich an die ersten Jahre des Zusammenseins mit der Gefährtin seines halben Lebens erinnert.

Heißt das, daß sie Tagebuch führt?

»Nein – kein Tagebuch. Aber ich trage seit 1940 alle mir wichtig erscheinenden Begebenheiten in den Taschenkalender ein. Wo wir waren, wen wir trafen. Es kann von Nutzen sein, wenn man später einmal etwas nachschlagen will.« Den Namen des gottvergessenen Dorfs im Nordosten von Prag, aus dem die Kokoschkas stammen und das sie vor einigen Jahren aufgesucht (»Gänseherden und eine verfallene Kirche«), den Autor des Theaterstücks, um dessentwillen man wieder einmal eine London-Reise angetreten, die Skipiste, auf der sie sich den Freuden des Langlaufs hingegeben hat. Jetzt packt sie die Koffer für eine Griechenlandfahrt: Sie möchte sich einige der Inseln ansehen. Das war ihr an OK's Seite verwehrt: Er bevorzugte feste Standquartiere, von denen er bequem ausschwärmen und die geliebten Antikensammlungen besichtigen konnte. Auf diese Reise freut sie sich also besonders. Und bestimmt wird sich da manches auch wieder in ihrem Taschenkalender niederschlagen.

Auch im Witwenstand geht Olda Kokoschka der Stoff nicht aus.

Ein vorzüglicher Begleiter

Valeska Lindtberg

Als Kulturlady spricht sie selbstverständlich ein makelloses Hochdeutsch. Aber der Tochter eines Schweizer Kaufmanns, die in Indien zur Welt gekommen ist, stehen auch *andere* Sprachmittel zur Verfügung: Immer, wenn es ihr darum geht, einem Standpunkt besonderen Nachdruck zu verleihen, verfällt sie in Schweizerdeutsch oder Englisch. Im Gespräch mit mir ist es Englisch: Ich tue mich mit Schweizerdeutsch schwer.

Noch im Stiegenhaus, schon nach der Verabschiedung, ruft sie mir ein letztes »Please, leave me out!« nach. Und in Briefen, die sie dem längst Abgereisten nachschickt, wiederholt sie flehentlich ihren Wunsch: sie so nebensächlich wie möglich zu behandeln, höchstens am Rande zu erwähnen, ganz im Hintergrund zu belassen. »Bitte, schreiben Sie über *Lindi* – *ich* bin ganz unwichtig, bin nur ein altes Theatermöbel!«

Na und? Ich *liebe* alte Theatermöbel.

Aus Valeska Lindtberg spricht keine Koketterie, sondern wirklich die reine Bescheidenheit. Und auch ihre Bescheidenheit bringt sie noch in aller Bescheidenheit vor: mit freundlichem »Bitte« und zaghaftem »Please«.

Was tut man da? Oh, liebe Valeska Lindtberg, niemandem wäre ich lieber zu Willen als Ihnen, aber ich fürchte, *ganz* wird's nicht gehen! Leopold Lindtberg und sein Werk – davon weiß man, das kennt man: die Uraufführung der ›Mutter Courage‹, damals im Krieg, mit der Giehse in Zürich. Oder die legendären Burgtheaterinszenierungen: Shakespeares Königsdramen, Schillers Wallenstein-Trilogie,

Anouilhs ›Becket‹ mit Oskar Werner, Lessings ›Nathan‹ mit Ernst Deutsch. Seine Verdienste um Nestroy und Grillparzer. Die Londoner ›Fledermaus‹. Und immer wieder ›Faust‹ – sechsmal Teil I, fünfmal Teil II. Oder seine Filme: ›Die letzte Chance‹, ›Marie Louise‹, ›Die vier im Jeep‹.

Dies alles, wie gesagt, weiß der Theaterhabitué, daran erinnert er sich; den großen Regisseur Leopold Lindtberg, der am Ende seines Lebens auf fast 400 Theaterpremieren zurückblicken konnte, braucht man ihm nicht zu erklären. Was aber ist mit der *Frau* an seiner Seite? War sie wirklich immer nur das ›alte Theatermöbel‹, das zu den Proben mitkam, sich in einer der hinteren Reihen klein machte, die Arbeit ihres Mannes liebevoll-kritisch beobachtete, sich darüber Notizen anfertigte und diese Notizen, wenn man am Nachmittag wieder daheim war, Punkt für Punkt mit ihm durchging, ihn solcherart auf eventuelle Schwachstellen aufmerksam machend?

Wir werden sehen.

Leopold Lindtberg wird knapp 82, bis zuletzt geht er seiner Theaterarbeit nach. Der 80. Geburtstag bringt mancherlei Ehrungen – das Wiener Burgtheater, das ihm 35jährige treue Dienste und 55 Inszenierungen verdankt, widmet ihm eine eigene Festschrift. Direktor Achim Benning rühmt darin die »dramaturgische Wahrhaftigkeit« als Lindtbergs »besonderen Stil«; der Kritiker Piero Rismondo, Alfred Kerrs lapidares Lob »Leopold Lindtberg; Ehrenname« zitierend, nennt ihn »einen Ethiker unter den Regisseuren«; Friedrich Heer sinniert über die Anrede ›Lindi‹, die seit Jahr und Tag im Umgang seiner Freunde mit ihm gebräuchlich ist: »Sie meinen damit wohl die linde Hand, mit der er führen kann, die linde Art, mit der er sich mitteilen kann, die linde Mitmenschlichkeit, die ihn zu einem Ensembleregisseur par excellence gemacht hat.«

Auch seine allerletzten Lebensmonate gehen über von Arbeit. In Zürich, das dem gebürtigen Wiener seit der Emigration im Jahr 1933 zur zweiten Heimat geworden ist, inszeniert er im Theater am Hechtplatz Esther Vilars ›Amerikanische Päpstin‹. Maria Becker, die die Titelrolle spielt und spricht, hat damit Riesenerfolg; die Aufführung, ständig ausverkauft, übersiedelt für drei Vorstellungen sogar ins Schauspielhaus. Bevor Lindtberg an die Inszenierung herangeht, hat er alles, was an dem Text blasphemisch klingen könnte, sorgsam eliminiert – die Autorin, der er seine Änderungsvorschläge nach Amerika schickt, stimmt freudig zu. Ja, so ist er eben: verantwortungsbewußt, respektvoll, human.

Das nächste ist ein Moliére in Wien: ›Die Schule der Frauen‹ am Theater in der Josefstadt. Lindtberg sitzt über dem Regiebuch, Wien wartet schon auf die Striche. Da könnte man eigentlich ein paar Tage Urlaub machen, den Moliére-Text im Koffer. Endlich wieder einmal ins Engadin! Für Frau Valeska, eine passionierte Bergsteigerin, ist es wie der Himmel. Dennoch hat sie Bedenken: Ihr Mann hat schon so lange keine Höhenluft mehr geatmet. Man konsultiert also den Hausarzt. Johannes Ginsberg, Sohn

Leopold Lindtberg bei der Regiearbeit am Burgtheater und seine spätere Frau, Valeska Hirsch, als junge Theaterpianistin in Zürich.

des Schauspielers Ernst Ginsberg, schlägt einen Mittelweg vor: »Es kann ihm guttun, aber es kann auch sein, daß er den Kreislauf spürt.« Also nicht auf 1800 Meter Höhe, sondern nur auf 1500. Unterengadin, nicht Sils-Maria.

Aber Lindtberg ist nicht zu halten. Die erste Nacht verbringt man in Lenzerheide – zur Akklimatisierung. Am nächsten Tag über den Julier hinauf nach Sils-Maria. Lindtberg ist selig – und macht sich Vorwürfe: »Wie dumm von uns, daß wir uns hier oben nie angekauft haben!« Die Spaziergänge bekommen ihm prächtig, desgleichen das tägliche Schwimmpensum. Auch Susanne, die ältere der beiden Töchter, kommt für ein paar Tage von Basel herüber (wo sie an einer Jugendmusikschule Flöte unterrichtet).

Am vierten Tag erfaßt den Urlauber leichter Schwindel, dennoch wehrt er sich gegen vorzeitiges Abreisen, erholt sich auch wieder, unternimmt sogar noch einen Spaziergang. Das abendliche Salonorchester im Hotel spielt ein Potpourri aus der ›Fledermaus‹, und obwohl es weit von Perfektion entfernt ist und die Tempi viel zu langsam sind, singt der ›Fledermaus‹-Spezialist, der die berühmte Strauß-Operette wiederholt inszeniert hat: in Wien, in Hamburg und – besonders erfolgreich – an der Covent Garden Opera in London, erinnerungsselig mit.

Zwei Tage später: Gehirnschlag. Die Familie, die sich am Krankenhausbett um ihn versammelt, erkennt er nicht mehr. Am 18. April 1984 stirbt Leopold Lindtberg. Mitten aus der Arbeit heraus. Den Moliére-Text hatte er nach Sils-Maria mitgenommen, Thomas Bernhards ›Über allen Wipfeln ist Ruh'‹, das seine nächste Inszenierung am Zürcher Schauspielhaus hätte werden sollen, lag auf dem Schreibtisch parat.

Anderes, vor allem die schon vor Jahren angeregte Autobiographie, hatte wegen immer wieder neuer Regieaufträge zurückgestellt werden müssen: Über drei Seiten ist das Manuskript (Arbeitstitel: ›Das ungeduldige Papier‹) nicht hinausgelangt. Und was hätte dieser langgediente Theatermann nicht alles zu berichten gehabt! Kulturgeschichtliches, Zeitgeschichtliches ein eigenes Kapitel war dem Thema Antisemitismus zugedacht, den Leopold Lindtberg schon in seiner Wiener Kindheit zu spüren bekommen hatte. Er ahnte wohl, daß er nicht mehr dazu kommen würde, es niederzuschreiben – jedenfalls hatte er vom Verlagsvorschuß ein eigenes Konto eröffnet, um im Fall der Nichterfüllung des Vertrages zu korrekter Rückzahlung gerüstet zu sein.

Nur der Schiller-Aufsatz, den das Marbacher Literaturarchiv bei Lindtberg bestellt hatte, war noch fertig geworden – die letzte seiner so zahlreichen schriftlichen Arbeiten. Frau Valeska erzählt, wie gewissenhaft er beim Formulieren war: »Eines Nachts las er mir den Entwurf vor. Ich fand den Text sehr schön, nur am Anfang etwas zu lang. ›Du mußt rascher zum Wesentlichen kommen!‹ riet ich ihm. Und was tat er? Warf ihn weg und schrieb ihn vollständig neu. Natürlich hab' ich mich darüber geärgert: ›Du wirst von mir niemals mehr ein Wort der Kritik zu hören bekommen.‹ Aber so war er eben: ständig voller Selbstzweifel.«

Dadurch, daß Leopold Lindtberg sich immer wieder in Aufsätzen und Vorträgen über seine Arbeit und übers Theater im allgemeinen geäußert, eine reiche Korrespondenz geführt und auch eine Unzahl Regiebücher hinterlassen hat, ist sein Werk vorzüglich dokumentiert. Und auch die Zeit. In Lindtbergs Privatarchiv sind politische Artikel aufbewahrt, die heute kaum noch irgendwo greifbar sind. Frau Valeska braucht also nur, indem sie den Nachlaß sichtet und ordnet, der außerordentlichen Fülle Herr zu werden. Aber bei aller Arbeit hat es auch viel Tröstliches: »Ich lebe dadurch unser Leben noch ein zweites Mal.« Hier eine Ausstellung, dort eine Filmretrospektive – Valeska Lindtberg versorgt die Organisatoren mit dem nötigen Material. Um von dem Teil des Nachlasses, der in die Stadt seiner künstlerischen Anfänge, nach Berlin, gehen wird, Abschriften anzufertigen, hat sie eigens ein Kopiergerät gemietet. Man denke nur an die vielen Schauspielerbriefe: Handschriftliches von Rudolf Forster und Peter Lühr, von Attila Hörbiger und Käthe Gold, von Willy Birgel, Albin Skoda, Hermann Thimig, Viveca Lindfors! Und dann das Aussondern des allzu Persönlichen und Heiklen: etwa Lindtbergs Kritikerschelte (wenn er einen ›seiner‹ Schauspieler zu Unrecht verrissen glaubte). Valeska Lindtbergs oberstes Auswahlprinzip: »Kein Lebender darf betroffen sein.« Als der Dokumentarfilmregisseur Erwin Leiser, über dem Vorwort zu einem neuen Lindtberg-Band brütend, telephonisch um die Ermächtigung ansucht, einen Lindtberg-Gegner namentlich anzuprangern, der den ›Ausländer‹ und ›Juden‹ in seiner Zürcher Frühzeit vom Schweizer Film hatte fernhalten wollen, bittet sie inständig um ›christliche Milde‹, und das Kapitel Schauspielhaus-Intendanz, also die unerfreulichen Erinnerungen an die intrigenreichen Zürcher Jahre 1965–1968, versucht sie, um darüber nicht sprechen zu müssen, zu verdrängen.

Mit dem Tod ihres Mannes wird sich Valeska Lindtberg wohl nicht so bald abfinden können: »Ich glaube immer noch, er ist da. Um den Sessel beim Fernseher, wo ich so oft über seine Füße gestolpert bin, mache ich noch immer einen Bogen.« Und wenn sie in strittigen Fragen bei Dritten Rat sucht (also bei den Töchtern oder bei Lindtbergs engster Mitarbeiterin während dessen Zürcher Direktionsjahre), mag der Grund für ihre Vorsicht das Gefühl sein, daß ihr Mann ihr bei allem, was sie unternimmt, über die Schulter schaut. Immerhin kann ich ihr die Anekdote vom überempfindlichen Oskar Werner entlocken, der sich beim Unterrichtsminister beschweren ging, bloß weil Lindtberg die Betonung eines einzigen Wortes geändert haben wollte, oder ihr Amüsement über das allzu ›professorale‹ Gehabe der Helene Thimig oder die Erinnerung an die nervenzermürbende Zusammenarbeit ihres Mannes mit Tochter Bettina, die er, um sich nur ja nicht dem Verdacht der Vetternwirtschaft auszusetzen, bei seiner Inszenierung von Stoppards ›Travesties‹ mit solcher Härte herannahm, daß sie sich bei der Mutter verzweifelt ausweinen kam. Zum Glück wurde es von Probe zu Probe entspannter, und am Schluß lagen sich Vater und Tochter selig in den Armen.

Leopold Lindtberg hat auch Seitensprünge ins unterhaltende Fach nicht verschmäht. Die Erfahrungen, die er bei seiner ›Derrick‹- und seiner ›Kommissar‹-Regie gesammelt hat, ließen ihn aus dem Staunen über die enormen technischen Hilfsmittel des Fernsehens nicht herauskommen: »Er war ein ewiger Lerner.« Und – so muß man ergänzen – ein vorzüglicher Lehrer: Ob Michael Hampe, Axel Corti oder (in ganz jungen Jahren) August Everding – sie haben allesamt Karriere gemacht.

Von den vielen Schauspielern, die mit Leopold Lindtberg gearbeitet und bei dieser Arbeit seine persönliche Bescheidenheit geschätzt haben, haben zum 70. Geburtstag des Regisseurs sich etliche auch schriftlich zu Wort gemeldet – in einer Festschrift mit dem bezeichnenden Titel ›Lieber Lindi‹. Romuald Pekny bediente sich in seinem Beitrag der originellen Methode, einen Menschen nicht an dem zu messen, was er tut, sondern an dem, was er unterläßt.

»Nie habe ich beobachten können, daß er Boulevardblättern interessant genug gewesen wäre. Er ist unauffällig in Kleidung und Haarschnitt, zieht in Salzburg eine sehr privat geführte, sehr stille Frühstückspension dem Blickpunkthotel vor, hält in so wohltuender Weise an guten, wahrscheinlich altmodischen Umgangsformen fest, ist delikat in der Beurteilung von Kollegen (eingedenk der Schwere des Berufs) und kommt mit genauen, erarbeiteten Vorstellungen zur Stellprobe. Er will nicht ›modern‹ sein, er will nicht um jeden Preis bearbeiten. Aber er legt sein Ohr an den Text und lauscht auf den Atem. So ist er oft moderner als alle anderen.«

Meine Begegnung mit Frau Valeska bestätigt dieses Bild. Und bezieht *sie* in dieses Bild mit ein. Die schöne, aber keineswegs prunkvolle Etagenwohnung im Zürcher Grünviertel Unterstrass und das bescheidene Zweizimmerquartier in Wien signalisieren klar: Leopold Lindtberg war auch in den eigenen vier Wänden ein Mann ohne Starallüren. ›Easygoing‹ nennt es seine Frau. Und man darf es ihr glauben. Denn wenn sie englisch spricht das weiß ich mittlerweile –, meint sie es doppelt ernst.

Die Photos von ihm, die sie vor mir ausbreitet, zeigen Leopold Lindtberg bei der Arbeit: völlig uneitel. Meist beim Vorspielen einer Gebärde, beim Vorsprechen einer Textstelle, manchmal mit Blick ins Regiebuch. Oder auch in temperamentvoller Auseinandersetzung mit dem Autor, den Schauspielern. Angespannter Gesichtsausdruck, die Hände in Bewegung – wie beschwörend. Dann die Privatphotos: auf Reisen, auf Bergwanderungen, mit den Kindern. Aber auch hier: nur weniges, wo *sie* mit drauf ist. Ihre Erklärung: »Wie sollte ich auch, ich hab' sie ja geknipst.« Immerhin aber doch ein paar Funde – zum Beispiel Liebliches aus jungen Jahren: die blondgelockte Mittzwanzigerin am Klavier. Oder, nicht viel größer als eine Briefmarke: Valeska Lindtberg mit Paul Burkhard, dem Schweizer Musical-Komponisten. Wer es nicht wüßte, käme bei Durchsicht des Lindtbergschen Photoarchivs nicht darauf: daß Valeska Lindtberg eben doch nicht bloß das alte Theatermöbel ist, als das sie sich, aus Respekt vor dem Genius ihres Mannes, ausgibt. Sondern daß auch sie, wenn sie nur wollte, auf eine beachtliche Karriere zurückblicken könnte: als Theaterpianistin. Dutzende von Engagements, Hunderte von Stücken, Tausende von Vorstellungen. Von der ›Pfeffermühle‹ bis zum Bernhard-Theater, von Goethe bis Nestroy, von Burkhard bis Burkhard. O mein Papa.

Es ist allerdings eine Karriere, zu der sie gekommen ist wie die Jungfrau zum Kind. Denn angefangen hat's ganz anders. Valeska Hirsch, Tochter aus gutem (Zürcher) Haus, ist Studentin an der Wiener Musikakademie – in der Klavierklasse von Franz Schmidt. In den Semesterferien daheim, erzählt ihr eine Freundin, in der ›Pfeffermühle‹ werde eine Pianistin gesucht – es ist zu der Zeit, da Erika Manns berühmtes Kabarett mit Therese Giehse, das vor der

Machtergreifung der Nationalsozialisten mit großem Erfolg in München gestartet worden war, in Zürich seine neue (vorübergehende) Bleibe gefunden hat. Damit die Schweizer Fremdenpolizei die Arbeitserlaubnis erteilt, muß die gesuchte Kraft eine Einheimische sein. Für Valeska, die auf Klassisches eingespielt ist, auf Debussy-Suiten und Chopin-Balladen, ist literarisch-politisches Kabarett etwas völlig Neues. Auf einem erbärmlichen Wirtshausklavier spielt sie vor und – wird engagiert. »Valeskus, das Herrschaftskind« – so hänselt die Theaterbohème um Erika Mann die ernste, wohlerzogene höhere Tochter – an die Blödelsprache der Thomas-Mann-Tochter muß sie sich erst gewöhnen. Dann aber werden es Lebensfreundschaften: vor allem mit der Giehse. Aber auch im Hause Mann in Küßnacht gehört sie bald mit zur Familie. Neben Erika kommt sie insbesondere Klaus Mann näher, weniger Golo, den sie schon damals, obwohl jünger an Jahren, »Onkel« rufen.

In der ›Pfeffermühle‹, wo Valeska Hirsch nun also Abend für Abend den Klavierpart besorgt, lernt sie Leopold Lindtberg kennen, der seit 1933 in Zürich ansässig und als Regisseur am Schauspielhaus tätig ist. 1940 heiraten die beiden – ihr Wiener Studium hat Valeska längst abgebrochen. Bald folgen für die inzwischen versierte Theaterpianistin neue Aufgaben: am Schauspielhaus, an anderen Bühnen. Bei der Zürcher Erstaufführung der Richard-Strauss-Oper ›Die schweigsame Frau‹ übernimmt sie das Amt des Korrepetitors. Paul Burkhard und sie, in über zehn Stücken an den beiden Flügeln vereint, werden unter dem hübschen Scherznamen ›Kapelle Burleska‹ in der Theaterwelt zum Begriff.

Keine Situation, die Valeska Lindtberg nicht meistert: Ihr Orgelspiel im ›Faust‹ kommt vom Harmonium, ihr Zwölfstundenschlag in Calderons ›Großem Welttheater‹ von der Pauke. Auch bei etlichen Aufführungen, die ihr Mann leitet, steuert sie die Bühnenmusik bei – vor allem für Nestroy-Couplets. Einmal muß sie noch bei der ›Pfeffermühle‹ einspringen. Erikas Manns mutige Kleinbühne steht vor der Emigration in die USA, Max Reinhardt hat auf Schloß Leopoldskron ein Gastspiel vor einflußreichen Amerikanern organisiert, die beim Debüt am künftigen Standort Starthilfe leisten sollen – unter ihnen Marlene Dietrich. Es ist ein aufregender Abend – nicht nur, weil so viel auf dem Spiel steht, sondern auch weil die Noten in Verlust geraten sind. Valeska, der das neue Programm vollkommen fremd ist, muß also improvisieren: mit Erika Mann, die ihr ins eine, und Therese Giehse, die ihr ins andere Ohr einflüstert. Schade, daß es von alledem keine Photos gibt. Valeska Lindtberg verspricht mir vor meiner Abreise, noch einmal in ihren Schubladen zu wühlen und, sollte sie doch noch fündig werden, mir das Gewünschte nachzuschicken. Einige Tage später ist tatsächlich ein Brief von ihr in der Post: Wenigstens ein paar Kritiken hätten sich gefunden, Photokopien anbei. Ich überfliege sie: lauter Lobeshymnen. Was also tut Valeska Lindtberg in ihrer notorischen Bescheidenheit? Sie versieht einen der Zeitungsausschnitte mit einer handschriftlichen Gebrauchsanweisung: »Bitte mich trotz alledem nicht überzubewerten! Ich war sicher ein vorzüglicher Begleiter. Am Klavier und auch sonst. Mehr nicht!«

Einverstanden, liebe Valeska Lindtberg. Aber wäre das denn so wenig?

Genossin Lenotschka

Eleni Kazantzakis

Dieser Frau habhaft zu werden, ist nicht leicht: Eleni Kazantzakis ist viel auf Reisen. Griechenland, China – jetzt steht Amerika auf dem Programm: In Bloomington im Staate Indiana kommt Bohuslav Martinůs Opernfassung der ›Griechischen Passion‹ heraus. Japan hat sie gerade abgesagt – ein alter Freund der Familie liegt in Athen im Sterben, da wird sie gebraucht. Die kleine Wohnung in dem Genfer Appartementhaus, Avenue William Favre 32, steht oft leer.

Daß ich die lebhafte alte Dame antreffe, hinter deren schmächtiger Erscheinung sich ein Energiebündel verbirgt, eine leidenschaftliche Kämpfernatur, verdanke ich der Peking-Oper, die auf ihrer Europatournee an diesem und den folgenden Abenden in Genf gastiert. Peking-Oper – da muß sie dabeisein, China ist eine der großen Lieben ihres Lebens, auch nach dem Tod ihres Mannes, der ihr die Augen dafür geöffnet hat, hat sie nicht aufgehört, das Reich der Mitte zu bereisen; sie spielt mir andeutungsweise einige der charakteristischen Figuren der fernöstlichen Bühnenvirtuosinnen vor; wenn ich am Abend noch da wäre, würde sie mich mitnehmen. Da könnte die Vorstellung noch so ausverkauft sein, sie fände bestimmt einen Weg, mich hineinzuschleusen.

Das ist es, was an dieser Frau sofort auffällt, sofort für sie einnimmt: dieser stark entwickelte Sinn für Kameraderie. Da wird keine Minute an gesellschaftliches Zeremoniell verschwendet, an konventionelles Getändel, an *small talk.*

Wir sehen uns zum zweitenmal. Im Jahr davor hatte ich sie für einen Femsehfilm über das Urbild des Sorbas interviewt – schon damals ging es angenehm unkompliziert zu. Sie schnitt den Kuchen auf, ich kümmerte mich ums Kaffeewasser – es war, wie wenn man seit Jahr und Tag zueinandergehörte. Ihre Statements vor der laufenden Kamera waren ein Labsal an Natürlichkeit und Frische – wir bogen uns vor Lachen, als sie erzählte, wie unausstehlich der angeblich so gemütliche Sorbas seine Kinder fand: »Hört mir auf mit der Brut, ich mag nichts von ihnen wissen! Sie krabbeln einem auf dem Schoß herum und pinkeln einen an. Zum Teufel mit ihnen!«

Auch diesmal sitzen wir in einer Ecke der Küche beisammen, da muß man nicht das Kaffeegeschirr durch die ganze Wohnung schleppen – wozu das Theater? Auch für antiquierte Förmlichkeitsrituale hat Eleni Kazantzakis nichts übrig: Meinen Begrüßungshandkuß pariert sie, indem sie ihn *erwidert* – und sie meint es nicht als Persiflage, sondern als Revanche.

Nikos und Eleni Kazantzakis.

Keine Frage, daß in dieser Atmosphäre der Vertrautheit auch unser Gespräch ablaufen wird. Da wird, wenn wir die alten Photoalben hervorholen, keine heikle Seite schämig überblättert, kein unvorteilhaftes Bild mit flinker Handbewegung beiseite geschafft – ich habe zu allem und jedem ungehindert Zutritt. Wie ziert sich alle Welt, wenn einer es wagt, nach Einkommen oder gar Vermögen zu fragen! Nicht hier: Eleni Kazantzakis plaudert über Tantiemenfluß und Steuerbelastung wie andere übers Wetter – am Schluß kriege ich noch selber ein paar gute Tips für Abzugsposten und Geldanlage mit auf den Weg.

»Genossin Lenotschka« – so hat Nikos Kazantzakis in den frühen Jahren der Gemeinsamkeit, da er noch mit den Lehren des Kommunismus liebäugelte, seine Gefährtin gern genannt, immer wieder trifft man in seinen Briefen auf diese Anrede, und daran ist viel Wahres. Eine Genossin – ja, das ist diese Frau in der Tat. Eine Genossin im besten Sinne des Wortes.

»Liebe Genossin! Ich segne jenen Tag, an dem ich Sie zum erstenmal sah. Gebe Gott, daß wir bis ans Ende dieses so leidigen vergänglichen Lebens immer Weggefährten bleiben.« Sie sind es geblieben – auch über seinen Tod hinaus. Als sie an jenem 26. Oktober 1957 an seinem Sterbebett in der Freiburger Universitätsklinik zum letztenmal nach seiner schon entkräfteten Hand langt und sie einen Moment lang auf ihren Kopf legt, spricht sie die Worte:

»Segne mich, mein Geliebter. Und mach, daß ich dem Weg folge, den du vorgezeichnet hast.«

Es ist vor allem ein Weg der Einfachheit und Ehrlichkeit vorgezeichnet von einem Dichter, der mit der Königin seines Landes nicht anders spricht als mit dem kleinsten Bauern – und umgekehrt.

Als Eleni Kazantzakis elf Jahre später aus seinen Briefen, seinen Tagebüchern und ihren eigenen Erinnerungen seine Biographie formt, gibt sie der französischen Ausgabe des Buches den Titel ›Le Dissident‹ – lange bevor der Begriff im politischen Alltag heimisch wird. Sie hat ihn in einem der Texte von Saint-John Perse gefunden. Jetzt endlich kann sie dem Dichter, dessen Leben sie 33 Jahre hat teilen dürfen, ihren Dank abstatten:

»Ich habe diesen Mann geliebt, weil er niemals seine Überlegenheit hervorgekehrt hat. Ich war einfach, und er hat mich so gelassen, hat meine Natur respektiert. Aber er hat mich von Komplexen befreit, die von ungeschickten Lehrern geschaffen worden waren. Er hat mich gelehrt, mich nur der eigenen Schwächen zu schämen. Er hat mir nicht die Möglichkeit geboten, akademische Grade zu erwerben, nach denen ich strebte. Ich bin an seiner Seite nicht zur Gelehrten geworden. Aber er hat mir Liebe, Vertrauen und Zuneigung geboten, Felder und Wälder, Berge, Meer und Flüsse, weite Reisen, auf die ich nicht gehofft hatte, kretische und afrikanische Geschichten und sein Beispiel der völligen Nacktheit vor Gott. Nur Gandhi und er hätten bei weit geöffneten Türen regieren können.« Und so schreibt sie Bücher über diese zwei.

›Das Leben des Mahatma Gandhi‹ über den einen, ihr Idol. ›Der Dissident‹ über den andern, ihren Mann.

Dazu eines über China.

Und viele, viele Zeitungsartikel.

»Sie sollten Journalistin werden!« sagt er zu ihr, als sie einander kennenlernen. Also wird sie Journalistin. Schreibt Reiseberichte aus Jerusalem und Palästina, aus Rußland und Paris.

Mit fünfzehn verliert Eleni Samios, Kind aus bestem Athener Hause, beide Eltern. Der Cousin wird zu ihrem Vormund bestellt – er hat sehr rigorose Vorstellungen von der Zukunft seines Mündels: Waisen studieren nicht, Waisen erhalten keinen Klavier- und keinen Tennisunterricht, Waisen werden nicht krank. Und vor allem: Waisen werden höchstens Schneiderin oder Hutmacherin. Ein Glück für sie, daß sie mit sechzehn einen Büroposten findet. Sekretärin in einer Importfirma. Ein Jahr darauf sitzt sie bereits im Schweizer Konsulat. Ihre Arbeit wird nun mit guter Währung bezahlt, auch kommen ihr hier ihre Deutschkenntnisse zustatten, die sie dem ›Fräulein‹ im Elternhaus verdankt. Dem ›Fräulein‹ und ihrer Mutter, die mit der deutschen Klassik, mit Goethe und Schiller, aufgewachsen ist.

Mit Nikos Kazantzakis, dem sie als Einundzwanzigjährige erstmals begegnet, tritt ein Mann in ihr Leben, der über zwei Jahrzehnte älter ist als sie. Keiner der beiden denkt an Heirat. Erst nach achtzehn Jahren freien Zusammenlebens nimmt sie seinen Namen an: Kazantzakis ist gerade in die Regierung Sofoulis eingetreten, als Minister ohne Portefeuille soll er in Amerika, Mexiko und England Hilfsprogramme für den Wiederaufbau Griechenlands organisieren – da ist es besser, wenn die Mitarbeiterin, die ihn begleitet, seine Frau ist.

»Du gingst fort, um eine Zeitung zu holen und einen Brief in den Briefkasten zu werfen, und kamst wieder, beladen wie ein Briefträger, die Tasche voller Geschichten«, wird sie später sein Ingenium preisen. »Ich ging die gleichen Wege, begegnete den gleichen Gesichtern, doch ich kehrte mit leeren Händen zurück.«

Nikos Kazantzakis' letzte Lebensjahre – nun, wo endlich auch der finanzielle Erfolg greifbar wäre – sind von Krankheit überschattet: Leukämie; die Ärzte wollen ihm den rechten Arm amputieren. Ein Schriftsteller, dem die Hand zum Schreiben fehlt? Und der es niemals gewohnt gewesen ist, zu diktieren?

Eleni ringt sich zu einem dramatischen Entschluß durch: Wir gehen gemeinsam aus dem Leben. Ich gebe ihm etwas mehr von seinen Kapseln, ich selber nehm das Zeug auch, dazu ein Abschiedsbrief, in dem ich alles erkläre. Doch dann verwirft sie den Plan wieder – Gott sei Dank, denn er erschrickt, als sie ihn einweiht, schließlich bittet er sie um Papier und Bleistift: Nur nicht verzweifeln! So werde er eben üben, mit der linken Hand zu schreiben...

Sie kann dies alles nur unter Aufbietung ihrer letzten Kräfte mit ansehen. Als der behandelnde Arzt im Gespräch mit seinem Patienten von einem Wolkenbruch berichtet, der über Freiburg niedergegangen sei, alle Straßen stünden unter Wasser, korrigiert ihn Kazantzakis: »Das ist nicht vom Regen, das sind die Tränen meiner Frau.«

Tränen, die bis heute nicht versiegt sind.

»Wo ist Nikos?« fragt Eleni Kazantzakis in einem späteren Brief an mich. »Und all die anderen, die wir geliebt haben – wo sind sie? Wahrscheinlich nur in unserem Herzen.«

Schlichtheit und Würde bestimmen ihr Handeln, wo es für Eleni Kazantzakis um das Werk ihres Mannes geht. Die abstrusen Zeitungsberichte, die sie zur vielfachen Millionärin stilisieren und ihre einfache Garçonniere zum Traumschloß am Genfer See, werden keiner Schriftstellerwitwe weniger gerecht als ihr. Wer spricht davon, unter welchen Opfern sie von dem ungetreuen griechischen Originalverleger die Urheberrechte zurückkaufen, welchen Parasiten sie das Handwerk legen, welchen gemeinen Pamphleten sie standhalten muß? Wer spricht von der Taubstummenschule, die sie aus Kazantzakis-Honoraren errichten läßt, von dem Geld, das sie für die Ikonenpflege in zyprischen Klöstern bereitstellt, von dem Kindergarten auf Kreta, den sie, sollte es nächstens wieder zu einer Romanverfilmung kommen, stiften wird? ›Die letzte Versuchung‹, ›Brudermörder‹, ›Freiheit oder Tod‹ – lauter hervorragende Filmstoffe. Aber die Leute müßten schon selber draufkommen: »Ich tue niemals den ersten Schritt.«

Einzige Ausnahme: der Buchmarkt ihrer Heimat Griechenland. Das ist eine Sache, die sie, nach den bösen Erfahrungen mit den dortigen Verlegern, selber in die Hand genommen hat. Mit guten Freunden zur Seite. Patroklos Stavro, einst Minister unter Makarios, kümmert sich um Satz und Druck, seine Athener Verwandtschaft um den Vertrieb. In einer Privatwohnung ohne allen Aufwand. Und ohne Salär – einfach aus Treue zu Kazantzakis. Nur die Vertreter, die landauf, landab von Tür zu Tür ziehen und die Bücher im Direktverkauf unter die Leute bringen, kassieren

Provisionen. Fünfzig Prozent – ein Superrabatt. »Kein Wunder, daß mich die Buchhändler hassen.« Ein System, das einzig dasteht in der Welt. Ein System aus Gesinnungsgenossen – unter Umgehung des normalen Buchhandels. »Das ist das Geld, von dem ich lebe, wenn ich mich in Griechenland aufhalte.« Das andere – etwa wenn bei den Athener Festspielen wieder einmal eines der Stücke aufgeführt wird: der ›Buddha‹ oder der ›Kolumbus‹ – frißt die Steuer. »Ich nehme keine einzige Drachme aus dem Land.«

Griechenland ist, was die Verkaufsziffern betrifft, nach wie vor die Nummer eins, gefolgt von Amerika, Frankreich, Deutschland. Unter den Oststaaten fehlt die Sowjetunion, nicht hingegen Albanien. Der große Flop ist Italien: ganze zwei Übersetzungen. »Ich kann es mir nicht erklären. Aber auch hier gilt: Ich unternehme nichts. Ich bin keine Witwe Rolland.«

Nur, wo man ihre Hilfe braucht, ist Eleni Kazantzakis prompt zur Stelle. Der Literaturhistoriker, der Auskunft darüber verlangt, welche alten Griechen der Dichter des ›Sorbas‹ gelesen hat, bekommt – auch um den Preis, daß sie tagelang, die Lupe in der Hand, Stöße von Notizbüchern durchackern muß – ebenso Antwort wie der Nachwuchsautor, der sie um Prüfung seiner Erstlingsarbeit bittet; den Kazantzakis-Museen seiner Heimatinsel Kreta geht sie ebenso mit Rat und Tat zur Hand wie den Übersetzern, die sich mit den vielen Regionalausdrücken in den Texten herumschlagen: »Der Durchschnittsgrieche kommt mit zweitausend Wörtern aus, Nikos brauchte ein Mehrfaches davon. Manches versteht man nur auf *dieser* Insel, anderes nur auf *jener,* vieles – etwa in seiner Odyssee-Nachdichtung – findet man in keinem Wörterbuch.«

Die Witwe des Dichters, mit jeder Faser seines Wesens vertraut, sorgt in allen Fällen für die gewünschte Aufklärung.

»Und was, wenn Sie einmal nicht mehr sind?« frage ich geradeheraus.

»Dann ist es damit vorbei.«

Das Maturathema

Susanne Hochwälder

Sein Arbeitszimmer ist so, wie er es zurückgelassen hat. Alles am gewohnten Platz: der einfache, extrem niedrige Schreibtisch – Fritz Hochwälder hatte eine Körpergröße von nur 1,53 Meter. Der von ihm eigenhändig bezogene Schemel – bis zuletzt hatte er das in jungen Jahren ausgeübte Tapeziererhandwerk nicht verlernt. Im Bücherregal viel Raimund und ein Raimund-Porträt auch an der Wand – der Wiener Zaubermärchendichter war die Nummer eins unter seinen Idolen. Und schließlich seine geliebte Stofftiersammlung – späte Kompensation einer Arme-Leute-Kindheit, in der kein Geld für Spielzeug da war.

Das schmucklos-karge Arbeitszimmer in der Eigentumswohnung im Zürcher Stadtteil Witikon erinnert an eine nur zeitweilig benützte Klosterzelle, und mit beidem hat es denn auch seine Richtigkeit: Fritz Hochwälder brauchte fürs Schreiben diese kahlen, weißen Wände, diese Geistigkeit des Raumes, und die fand er in Klöstern eher als in dem von Haushaltlichem beeinträchtigten eigenen Heim. Nur: Benediktinerklöster mußten es sein – bei aller Beschaulichkeit weltoffen. Disentis in Graubünden war die erste der Klausuren, in die er sich zum Dichten zurückzog, das württembergische Beuron und das steirische Seckau folgten.

Doch was zählt letztlich alle äußere Ruhe, wenn es im Inneren tobt. Fritz Hochwälder war ein Dramatiker, der sich bei seiner Arbeit total verausgabte. Von dem Moment an, wo er einen neuen Stoff gefunden hatte, setzte dieses mörderische Wechselbad aus Euphorie und Depression ein, und es steigerte sich, je näher er dem Ziel kam. Seine drei Herzinfarkte – der erste ereilte ihn in der Klosterzelle im Stift Seckau – sind für Susanne Hochwälder, seine Frau, die direkte Folge dieser Hochspannung, unter der ein Vollblutdramatiker wie er steht: Nichts zehrt so sehr an der Substanz. Sie war es schließlich, die mitangesehen hat, wie erregt er beim Schreiben war. Nur in den Aufführungen seiner Werke, denen er beiwohnte, ging es noch intensiver zu: Derart leidenschaftlich nahm Hochwälder an der theatralischen Umsetzung Anteil, daß er darüber ins Keuchen kam. Hand in Hand mit seiner Frau saß er in der Vorstellung – nur so fand er Beruhigung.

Auf den ersten Infarkt folgten zwei weitere, der letzte tödlich.

20. Oktober 1986. Fünf Monate ist es her, daß Fritz Hochwälder seinen 75. Geburtstag gefeiert hat. Alle Auszeichnungen, die in Österreich für einen Künstler seines Ranges bereitstehen, hat er schon empfangen: Grillparzer-, Wildgans- und Csokor-Preis, Ehrenring der Stadt Wien, Ehrenkreuz 1. Klasse für Wissenschaft und Kunst, Professorentitel und Staatspreis für Literatur. Jetzt bleibt nur noch eine nostalgisch-sentimentale Auszeichnung mehr persönlicher Natur: Die Wiener Tapeziererinnung ernennt ihren einstigen Berufskollegen, der es zwanzig Jahre nach seiner Meisterprüfung zum erfolgreichsten österreichischen Theaterautor nach 1945 gebracht hat, zu ihrem Ehrenmitglied, und Hochwälder revanchiert sich, indem er ihnen sein Handwerkszeug vermacht: den Tapeziererkoffer mit Gurtenspanner und Garniernadel, mit Maßstab, Hammer, Schere, Zange.

Es ist ein Festakt, der ihm sichtlich nahegeht: Als Sohn jüdischer Eltern hat Fritz Hochwälder mit siebenundzwanzig die geliebte Heimat verlassen müssen, den Tapezierermeisterbrief im Fluchtgepäck.

Jetzt, im Oktober 1986, sind es ähnliche Emotionen, die

Fritz und Susanne Hochwälder.

den Übersensiblen aufwühlen: ›Wien grüßt Zürich‹ heißt das Kulturspektakel, mit dem die alte Heimat in der neuen gastiert. Burgtheater, Philharmoniker, vieles andere mehr. Im Zürcher Muraltengut gibt die Stadt Wien einen Empfang, Hochwälder ist Ehrengast. Nach dem Trinkspruch des Bürgermeisters – der Wetterdienst wird später einen heftigen Föhneinbruch melden – sackt Hochwälder auf seinem Sitz zusammen, verliert vorübergehend das Bewußtsein und muß schleunigst nach Hause gebracht werden. Dort erholt er sich zwar, dennoch ist an eine Teilnahme an dem abendlichen Philharmonikerkonzert nicht zu denken. Um so hartnäckiger besteht er darauf, daß wenigstens seine Frau der Einladung in die Tonhalle folgt. Ein Beethovenprogramm, Claudio Abbado am Pult. Mitten im Spiel kommt es zu einer technischen Panne: Aus unerfindlichen Gründen flackern plötzlich die Lichter im Saal. Später, als Susanne Hochwälder heimkehrt und ihren Mann nur noch tot antrifft, wird der Zwischenfall im Konzertsaal zu mysteriösen Spekulationen Anlaß geben: Der elektrische Kurzschluß fiel exakt mit Fritz Hochwälders Sterbestunde zusammen ...

Am 28. Mai 1911 kommt Fritz Hochwälder in Wien zur Welt. Der Vater hat eine kleine Tapeziererwerkstatt in der Hermanngasse im 7. Gemeindebezirk, die Mutter einen Trödlerladen in der Westbahnstraße. Und dort, Westbahnstraße 3, 3. Stock, Tür 11, wohnen sie auch, die Hochwälders. Es ist das typische kleinbürgerliche Zimmer-Küche-Kabinett-Quartier jener Jahre: Bassena und Klosett im Stiegenhaus, Kind und Großmutter in einem Raum. Wenn sich Hochwälder später – nicht ohne Koketterie – als ›gelernten Gassenbuben‹ und ›Waldschratt‹ bezeichnen wird, spielt er auf jene einfachen Verhältnisse seiner Kindheit an, die ihn für lange Zeit prägen werden. Es gehört zu seinem grundehrlichen Naturell, daß er ›Relikte‹ dieser Prägung nicht nur nicht leugnen, sondern im Gegenteil amüsiert kolportieren wird – etwa jene Schreckensszene im Haus des hochnoblen Zeitungsherausgebers Ernst Benedikt, wo er, Verehrer der Benedikt-Tochter Ilse, zur Mittagstafel geladen ist und sich in schöner Unbefangenheit mit der Silbergabel am Kopf kratzt.

Vom Reformrealgymnasium in der Albertgasse bringt er so schlechte Noten heim, daß er es vorzieht, im väterlichen Betrieb das Tapeziererhandwerk zu erlernen; seine Bildungsmängel gleicht er mit dem Besuch von Abendkursen in der Volkshochschule Ottakring aus. Aufführungen von Ferdinand Raimunds ›Der Bauer als Millionär‹ und ›Der Verschwender‹ wecken in dem Heranwachsenden das Interesse fürs Theater; bald wird er – übrigens eher in den Kaffeehäusern des Bezirkes als in der beengten elterlichen Wohnung – seine ersten eigenen Texte schreiben. Siebzehn ist er, als die ›Arbeiter-Zeitung‹ sein Gedicht ›Der Kistenträger‹ abdruckt, zweiundzwanzig, als die Wiener Kammerspiele in einer geschlossenen Studio-Nachtvorstellung seinen

Bühnenerstling ›Jehr‹ aufführen. »Es ist nicht nur ein Stück der Dumpfheit, es ist selber dumpf«, urteilt Oskar Maurus Fontana im ›Wiener Tag‹. Auch die drei Jahre später folgende Aufführung seiner Komödie ›Liebe in Florenz oder Die unziemliche Neugier‹ an der Außenseiterbühne ›Theater für 49‹ bringt nicht den erhofften Durchbruch, und so bleibt, was er in der Folgezeit zu Papier bringt, durchwegs unaufgeführt.

Nach Hitlers Einmarsch in Österreich wird es für seinesgleichen gefährlich; Hochwälders Eltern, selber zu alt für diesen Schritt, raten dem Sohn zur Flucht. Im August 1938 steigt er im Westbahnhof in den Zug, in Innsbruck steckt ihm ein wohlmeinender Passagier 10 Schweizer Franken zu, bei Buchs gelingt es ihm, den Altrhein durchschwimmend, Schweizer Boden zu erreichen, ein eidgenössischer Zöllner, per Fahrrad des Weges kommend, liest den Siebenundzwanzigjährigen auf, eine jüdisch-schweizerische Hilfsorganisation sichert ihm in der Folgezeit das Existenzminimum. Daß es mit den Dokumenten, die er für die beabsichtigte Emigration in die Vereinigten Staaten benötigen würde, nicht klappt, stellt sich aus heutiger Sicht als glückliche Fügung dar: In Amerika wäre er mit Sicherheit Tapezierer geblieben. Zwar ist ihm in der Schweiz jegliche Berufsausübung verwehrt, doch kann ihn niemand daran hindern, im stillen Kämmerlein Stücke zu schreiben, und als er 1941 in einem Emigrantenlager im Tessin bei der landwirtschaftlichen Erschließung der Magadino-Ebene eingesetzt ist, gelingt es ihm sogar, für einige Zeit Schreiburlaub zu bekommen: In einer leerstehenden Hütte auf dem Monte Verità von Ascona verfaßt er das Stück, das ihn berühmt machen und (neben dem Revolutionsdrama ›Der öffentliche Ankläger‹) sein größter Erfolg werden wird: ›Das heilige Experiment‹, die Tragödie vom Untergang des Jesuitenstaates in Paraguay.

Es braucht allerdings seine Zeit: Zwischen der Uraufführung am Städtebundtheater Solothurn/Biel im März des Kriegsjahres 1943 und dem endgültigen Durchbruch liegt fast ein Jahrzehnt. Dann aber, mit dem Serienerfolg der französischen Übersetzung des Stücks im Jahr 1952 (das Pariser Théâtre de l'Athenée spielt ›Sur la Terre comme au Ciel‹ en suite über 400mal!) ist Fritz Hochwälders Weltkarriere nicht mehr aufzuhalten. Übersetzungen in viele Sprachen folgen, in England ist ›The Strong are Lonely‹ Pflichtlektüre im Deutschunterricht, das Wiener Burgtheater feiert seinen neuen Hausautor.

Die Mansarde im Herzen der Zürcher Altstadt, Scheitergasse Nr. 6, wo Hochwälder noch bis 1950 in primitivsten Verhältnissen lebt – sein Schreibtisch ist eine mit einem Leinenüberwurf verkleidete Kiste, sein Nachtlager eine auf vier Holzscheite gebreitete Matratze, seine Küche ein Kanonenofen –, wird so manchem Besucher zum Faszinosum: Erich Kästner beschreibt sie in einem Artikel in der von den Amerikanern in München herausgegebenen ›Neuen Zeitung‹, Franz Theodor Csokor in einem Beitrag fürs Programmheft des Burgtheaters.

Nach dem Krieg ruft Wien den verlorenen Sohn zurück – ohne Erfolg. So sehr er einerseits an der Heimat hängt: Hochwälder mag nicht riskieren, den Mördern seiner Eltern über den Weg zu laufen. Leo und Theresia Hochwälder sind 1942 ins Konzentrationslager verschleppt und von den Nazis umgebracht worden. Obwohl frei von Rachegedanken – nur zu gut weiß Hochwälder, wie ein verbrecherisches Regime auch anständige Menschen korrumpieren kann –, hält er an Zürich als Domizil fest. Wenn schon nicht heimisch, so fühlt er sich in der Schweiz, der er seine Rettung verdankt, doch zumindest geborgen: »Jeder Zürcher ist ein heraufgekommener Bauer, jeder Wiener ein heruntergekommener Aristokrat.« Eines freilich wird er niemals aufgeben: die österreichische Staatsbürgerschaft. Die Freunde, mit denen er sich in Zürich umgibt, ersetzen ihm die verlorene Heimat: der Bildhauer Fritz Wotruba, der Regisseur Leopold Lindtberg, der Schriftsteller Hans Weigel. Auch Besuche in Wien werden zur festen Gewohnheit: zwei, drei Wochen, drei-, viermal im Jahr. Sie gehen ihm nahe: Wenn er durch die Gassen seiner Kindheit wandert, treten ihm regelmäßig Tränen in die Augen.

Auch im Privatesten bleibt dieser so bullig wirkende Mann mit dem zarten Gemüt für alles Wienerische anfällig, und so ist es nur logisch, daß er nach dem Scheitern seiner Ehe mit der Schweizer Modejournalistin Ursula Büchi sein wirklich dauerhaftes Glück erst an der Seite einer Landsmännin findet...

Susanne Schreiner ist dreiundzwanzig, als sie bei einer Zürcher Abendgesellschaft in den fünfziger Jahren Fritz Hochwälders Bekanntschaft macht. Die auf Besuch in der Schweiz weilende Schulfreundin, die den Treff organisiert, weiht sie ein: Auch Hochwälder sei mit von der Partie.

»Was – der Schriftsteller? Über den hab' ich doch die mündliche Matura gemacht!« Österreichische Exilliteratur war ihr Prüfungsthema in Deutsch.

Man ist in Hochstimmung, Hochwälder sprüht vor Esprit, Susanne hängt an seinen Lippen, der Dichter, noch verheiratet, findet an der Monroe-blonden Wiener Schönheit im lavendelblauen Kleid mit Petticoat Gefallen. Sein spontaner Ausruf »Auf diese Frau hab' ich eine Option!« ist mehr als nur ein übermütiger Scherz.

Susanne Schreiner stammt aus bürgerlich-katholischem Haus. Sich von diesem Temperamentsbündel Hals über Kopf verführen zu lassen, kommt für sie nicht in Frage. Doch auch sie ist fasziniert von ihm, man bleibt miteinander in Kontakt.

Susannes Vater ist Rechtsanwalt in Wien, das Elternhaus in der äußeren Mariahilfer Straße ist das genaue Gegenteil von Hochwälders Arme-Leute-Quartier: ein stattlicher Altwiener Besitz mit Hof und Hausgarten. Großvater Carl Schreiner, Gartenbauarchitekt, hat die Wiener Gürtelanlagen entworfen, ist christlichsozialer Stadtrat und mit Bürgermeister Lueger eng befreundet – im Historischen Museum hängt ein Bild der beiden.

Susanne zieht es zwar zum Theater, schließlich entscheidet sie sich aber doch anders: An der Fachschule für Wirtschaftswerbung macht sie ihr Diplom. Ihr erster Posten: Werbeassistentin bei der Kosmetikfirma Hamol – ein interessanter Job, der sie mit interessanten Leuten zusammenbringt. Als der berühmte Forschungsreisende Herbert Tichy von einer Himalaya-Expedition, bei der er den Achttausender Cho Oyu bezwungen hat, nach Österreich heimkehrt, muß Susanne Schreiner ihn interviewen. Der Grund: Er hat bei seinem Unternehmen Hamol-Sonnenschutz benützt.

Jetzt ist Susanne auf Auslandsposten, ihre Firma hat sie für einige Zeit ins Schweizer Mutterhaus entsandt: Wollishofen bei Zürich.

Als sie wieder in Wien (und mittlerweile als Werbetexterin bei Maggi beschäftigt) ist, wird der Kontakt mit dem Dichter fortgesetzt. Zur Uraufführung des Stücks ›Die Herberge‹, März 1957 am Akademietheater, reist das Ehepaar Hochwälder nach Wien an. Im Restaurant ›Zur Linde‹ wird die Premiere gefeiert, auch Susanne ist eingeladen. Hauptdarsteller Attila Hörbiger unterläuft ein beziehungsvoller Lapsus, als er ihr zum ›Triumph Ihres Gatten‹ gratuliert. Nun, Ereignisse werfen mitunter ihre Schatten voraus. In diesem Fall vergehen noch gut zwei Jahre, bis es tatsächlich eintritt ...

Susanne, mit ihrer Mutter auf Urlaub am Mattsee, erreicht eine Einladung aus Salzburg, der Festspiel-Uraufführung von Hochwälders neuem Stück ›Donnerstag‹ beizuwohnen. Der höchst unkonventionelle Heiratsantrag des Dichters schockiert die streng bürgerliche Frau Mama: »Wir möchten ein bisserl eine Ehe versuchen, und wenn's nicht klappt, schick ich Ihnen Ihre Tochter wieder nach Wien zurück ...«

Am 20. Juli 1960 wird Susanne Schreiner die zweite Frau Hochwälder. Eine kirchliche Trauung ist wegen der unterschiedlichen Religionsbekenntnisse der Brautleute nicht möglich, es bleibt bei der standesamtlichen. Tochter Monique aber, die im Jahr darauf zur Welt kommt, wird getauft und katholisch erzogen. Sie wird später allerdings ihren eigenen Weg gehen, Theologie und Philosophie, vergleichende Religionswissenschaften und Judaistik studieren, aus der Kirche austreten und fortan dem Buddhismus zuneigen. Schweizer Meisterin in Aerobic, bringt sie sich vor dem Doktorat mit Aerobic-Unterricht durch, und als einige Jahre nach Fritz Hochwälders Tod Witwe und Tochter zu einer ›Club 2‹-Diskussion ins Wiener Fernsehstudio eingeladen werden, kommt es zum Eklat: Die Tochter überschüttet die Mutter vor laufender Kamera mit heftigen Vorwürfen, sie in den Kinderjahren vernachlässigt und in Heime abgeschoben zu haben. Die Wahrheit ist: Fritz Hochwälder, mit zunehmendem Alter immer häufiger von Depressionen heimgesucht, nach dem ersten Zusammenbruch ständig in neuer Infarktgefahr und nach den großen Bühnenerfolgen der fünfziger und sechziger Jahre nun auch plötzlich als »altmodischer« Autor abgestempelt, braucht mehr als bisher die Stütze seiner Frau, und als auch die Tantiemen dünner zu fließen beginnen, entschließt sich diese, einen Halbtagsjob als Lektorin im Schweizer Verlagshaus anzunehmen.

Heute sind die Irritationen im Verhältnis von Mutter und Tochter bereinigt, die Fernsehaffäre und auch Monique Hochwälders Klage in dem Sammelband ›Väter unser‹ vergessen. Mit Genugtuung ruft sich Susanne Hochwälder jene Glücksmomente in Erinnerung, die das tiefe Einvernehmen zwischen Tochter und Vater bezeugen – etwa, als dieser, wieder einmal von Existenzangst gebeutelt, nachts keinen Schlaf finden kann, im Zimmer auf und ab geht und die ihrerseits aus dem Schlaf geweckte Kleine ihn aus dem Gitterbett heraus zu beruhigen versucht: »Papi, die Nacht geht bald vorbei ...«

Nicht nur mit immer neuen Stücken – Mitte der sechziger Jahre setzt er sich im ›Himbeerpflücker‹ und im ›Befehl‹ mit alter und neuer NS-Schuld auseinander –, sondern ebenso in Vorträgen und Seminaren kämpft der alternde Fritz

Hochwälder für seine Idee vom Theater, das im Altwiener Volkstheater der Raimund und Nestroy wurzelt:

»Theater ist keineswegs Literatur. Es kann zur Literatur werden. Bühnenmäßig gesprochen ist Literatur bloß die Edelpatina, die sich an Hervorbringungen großer Theaterzeiten langsam ansetzt. Von Anfang und in Zeiten höchster Blüte war echtes Theater immer dem Zirkus zugewandter als dem Seminar, der Clownerie näher als der Studierstube. Manchmal also endet das Theater als Literatur. Wo es als Literatur beginnt, lebt es meist nicht lang als Theater.«

Daß die solide, fast altmeisterlich formbewußte Machart, die Hochwälders Stücken eigen ist, in engster Verbindung mit dessen ursprünglichem Handwerkerberuf zu sehen ist, daran gibt es nicht nur für den Kritiker Hans Weigel keinen Zweifel:

»Wer einen Fauteuil beledert oder eine Bank polstert, denkt nicht an die Ewigkeit, sondern nur daran, daß man auf dem Möbelstück gut sitzen soll. Doch kann es geschehen, daß das Erzeugnis den Hersteller überdauert und dereinst ins Museum und in die Chroniken kommt, als großes und gültiges Zeugnis seiner Zeit.«

Da ist es klar, daß die Witwe, ginge sie in den heutigen Dramaturgenbüros mit den Stücken ihres Mannes hausieren, keinen leichten Stand hätte. Sogar in Wien würde sie abblitzen: Burgtheaterdirektor Claus Peymann empfängt sie nicht einmal zum Shakehands, auch ›Josefstadt‹-Direktor Otto Schenk zeigt keinerlei Reaktion, und Volkstheaterdirektorin Emmy Werner windet sich ...

In dem wasserdichten Bündel, mit dem Fritz Hochwälder im August 1938, auf der Flucht vor den Nazis, den Altrhein durchschwimmt, befinden sich zwei Habseligkeiten von symbolischem Wert: sein Tapezierermeisterbrief und ein Büchlein mit eingeklebten Gedichten. Es sind keine eigenen, sondern Verse seines Landsmannes Theodor Kramer. Ihm nachzueifern, käme ihm freilich kaum in den Sinn: »Lyrik ist nicht mein Fach.« Erst in späteren Jahren wird er

Versuche unternehmen, sich auch in diesem Genre zu bewähren: »insgeheim hoffend, als Lyriker zu enden«. Doch die Erfüllung dieses Wunschtraums bleibt ihm versagt: ›Die rostige Harfe‹ (so hätte das Bändchen heißen sollen) liegt ungedruckt in der Schreibtischlade. Nur die Veröffentlichung seiner autobiographischen Skizzen ›Im Wechsel der Zeit‹ erlebt Hochwälder noch. Hier kann er vor allem den Freunden, die sein Leben begleitet haben, Dank abstatten: dem Bildhauer Fritz Wotruba, dem er, ebenfalls dem Arbeitermilieu entstammend, so sehr in Dynamik und Humor gleicht, oder dem Schriftstellerkollegen Franz Theodor Csokor, der dem Stolz des aus seiner armseligen Mansarde in die Wohlstandsbürgerlichkeit einer Eigentumswohnung übersiedelten Erfolgsautors einen gutmütig-ironischen Dämpfer aufsetzt:

»Interessiert sah er sich in der Nobelwohnung um, bewunderte die Vorhänge, die Spannteppiche, den Kühlschrank, die Geschirr- und Salatwaschmaschine, die diabolische Deckenheizung und den übrigen, angeblich unentbehrlichen Zivilisationsplunder, um abschließend nicht ohne Wohlwollen festzustellen: ›Ja, ja, das ist der Niedergang!‹«

Hochwälder, dem, was er einerseits mit Behagen genießt, andererseits gleichfalls nicht ganz geheuer ist, gibt dem väterlichen Freund recht, begleitet ihn in die Zürcher Altstadt und kehrt mit ihm in Gottfried Kellers Stammbeiz ›Oepfelkammer‹ zum Umtrunk ein.

Ja, die Freunde. Hier, an dem alten Bauerntisch im Hochwälder-Wohnzimmer, an dem mir die Witwe Auskunft auf meine Fragen gibt, sind sie alle gesessen: Canetti und Salis, Lüthy und Bondy, Sperber und Camus. Und Frau Susanne immer mit dabei. Zweifel quälen sie, ob es denn auch ja im Sinne ihres Mannes sei, wenn sie, wie es nun der Fall ist, sein Leben vor mir ausbreitet: Hat er sie nicht schon in jüngeren Jahren liebevoll-streng vor jedem Kult um seine Person gewarnt, dabei den ›Rosenkavalier‹ zitierend: »Siehst, da geht's, die alte Fürstin Resi ...«? Daß sie ihm dies nur ja nicht antue: nach seinem Ableben als ›die alte Hochwälder‹ durch Wien zu geistern und einen Heiligen aus ihm zu machen!

Nein, keinen Heiligen. Wir sprechen also nur darüber, ein wie vergnüglicher Reisegefährte er war: etwa wenn er, bei einer Autoreparatur in Florenz, alle Verständigungsschwierigkeiten mit den italienischen Mechanikern mit einem passenden ›Don Giovanni‹-Zitat aus dem Weg räumt; wenn er auf Spanienfahrt mit der gleichen Inbrunst, mit der er Schönheit und Harmonie der Alhambra genießt, in einer Marktfahrerkneipe am Hafen seine Paella verschlingt; oder wenn er sich im Tessin über seinen Einsatz im Emigrantenarbeitsdienst des Jahres 1941 lustig macht: »Schau, Susi, dies alles hab' ich urbar gemacht!« Oder wir sprechen über seine noch vom franzisko-josephinischen Österreich ererbte Korrektheit, die es ihm unmöglich machte, sich bei der Einkommenssteuererklärung auch nur auf die kleinste Mogelei einzulassen; über seine Gewohnheit, bei Interviews nie dem Interviewer, sondern seiner Frau in die Augen zu schauen (ein Blickkontakt, auf den er übrigens auch bei seinen Vorträgen nie verzichten mochte); über die Freude, mit der er die letzten Wien-Aufenthalte mit seiner Frau (in der immer gleichen Pensionssuite am Graben) genoß (»unsere Wiener Festwochen«); über die geistreiche Eloquenz, mit der er während seiner Spitalsaufenthalte Ärzte und Krankenschwestern unterhielt; über seine düsteren Vorahnungen, mit denen er, drei Wochen vor dem eigenen Ableben, die Fernsehnachricht vom Tod Helmut Qualtingers kommentierte: »Wer wird der nächste sein ...?«

Als Fritz Hochwälder im Oktober 1986 stirbt, stiftet ihm seine Vaterstadt Wien ein Ehrengrab auf dem Zentralfriedhof. Der gesamte Nachlaß geht – so ist es testamentarisch verfügt – in die Bestände der Wiener Stadtbibliothek über, die ihm ihrerseits zum 80. Geburtstag mit einer vorbildlich gestalteten Gedenkausstellung ihre Reverenz erweist.

Das Stück, an dem Fritz Hochwälder zuletzt gearbeitet und das er unvollendet hinterlassen hat, ist der dreiaktige Jux ›Leporello sucht einen bessern Herrn‹. Wäre das nicht wie geschaffen für Salzburg – noch dazu im Mozartjahr 1991? Die Witwe, über ein Wiener Medium von ihrem Mann beauftragt, den Text nach seinen Intentionen zu Ende zu schreiben, macht sich trotz anfänglichem Sträuben an die Arbeit. Aber zur Aufführung mag sie das Stück gleichwohl nicht freigeben: Sie muß erkennen, daß schon das Fragment Mängel hat, die Herzmittel, die Hochwälder in seinen letzten Lebensjahren verordnet erhielt, haben seine Schaffenskraft geschwächt, er hätte diesen herrlichen Stoff wohl früher anpacken müssen.

Leichter wird sich Susanne Hochwälder damit tun, ein anderes seiner Vermächtnisse zu erfüllen: seinem Beispiel zu folgen und jenem Land treu zu bleiben, dem er sein Überleben in schwerer Zeit verdankt – der Schweiz. Längst ist die Witwe an der Seite eines Emigranten selber zur Emigrantin geworden. Und ihr erlerntes Züri-Dütsch von dem der Eingeborenen in nichts zu unterscheiden. Max Frisch, Susanne Hochwälders Tischherr bei einer Zürcher Abendgesellschaft, brauchte eine volle Stunde, um ihrer Herkunft auf die Spur zu kommen.

In jenen Tagen

Erica Käutner-Balqué

Sie nennt ihn ›Herr Käutner‹. Niemals ›Helmut‹, niemals ›mein Mann‹. Und schon gar nicht noch Verspielt-Vertrauteres. Als Helmut Käutner und Erica Balqué an ihren Filmen arbeiteten, er als Regisseur, sie als seine Assistentin, war dies ihr erklärtes Prinzip: im Umgang mit dem Stab (und also auch miteinander) äußerste Korrektheit walten zu lassen. Also nichts weiter als ihres Mannes engste Mitarbeiterin zu sein, nicht sein Schnuckiputzi oder ähnlich Geschmackloses.

Auch jetzt, wo ich ihr in ihrer Wohnung in Berlin-Grunewald gegenübersitze, geht es penibel korrekt zu: Frau Käutner-Balqué gestattet sich nicht die geringste Nachlässigkeit. Aber es ist eine Strenge, die Herzlichkeit nicht ausschließt: das preußische Erbteil, ein Hauch von ›Mädchen in Uniform‹.

Frau Käutner-Balqué, zierlich-schlank in der Erscheinung, kerzengerade in der Haltung, formell-zeremoniell noch in der scheinbar nebensächlichsten Gebärde, trägt einen knöchellangen grauen Flanellrock und eine hochgeschlossene Bluse. Wenn sich der Knoten, in dem ihr dünnes graues Haar zusammengefaßt ist, lockert, wird sie sich für einen Augenblick entschuldigen und hinausgehen, ihre Frisur zu ordnen. Der Kaffeetisch, der für uns zwei gedeckt ist, wird auch nach meiner Ankunft noch auf eventuelle Unzulänglichkeiten oder Formfehler geprüft. Im Zimmer herrscht peinlichste Ordnung – und gewiß nicht nur des Gastes wegen: Frau Käutner-Balqué liebt's akkurat. Auch ›Zikade‹, die Windhündin, scheint davon ihr Teil abbekommen zu haben: Die Positionen, die das schöne Tier einnimmt, wenn es sich auf dem Teppichboden ausstreckt, sind von ornamentaler Strenge, und der ihm fremde Besucher tut gut daran, Zurückhaltung zu üben: kein Schoßhündchen, das sich anschmeißt.

Im Gespräch – und das wirkt sich natürlich auf dessen Dauer aus – ist Frau Käutner-Balqué von ungewöhnlicher Bedachtsamkeit: wie unter einer Art Zwang, nur allerhöchsten Ansprüchen zu genügen. Höchsten Ansprüchen sowohl, was die Wahrhaftigkeit der Aussage als auch was die sprachliche Übermittlung betrifft. Ihre Antworten auf meine Fragen gleichen kunstvollen Gebilden, die nicht immer gleich beim ersten Anlauf gelingen müssen: Da wird in der Wortwahl gezögert, erprobt, verworfen, variiert, korrigiert und konstruiert, da werden Gedankengänge von ausgreifenden Handbewegungen begleitet, die ich nicht anders als architektonisch bezeichnen kann, da ist keinerlei Schnoddrigkeit zugelassen, keinerlei modischer Jargon. Relativsätze werden (statt mit ›der/die/das‹) mit ›welcher/welche/welches‹ eröffnet – ein Ringen um die klassische Form, das natürlich seinen Preis hat: Frau Käutner-Balqué ist (wie übrigens auch ihr Mann) Kettenraucherin. Wieviel ihr an der vollkommenen Formulierung liegt, verrät sich auch in der Art, wie sie Helmut Käutners Leistungen beurteilt: Der rhetorische Bravourakt, mit dem er bei seiner denkwürdigen Pressekonferenz in Moskau – rund um seinen Film ›Himmel ohne Sterne‹ – seinen Neutralitätsstandpunkt verteidigte, teils in französisch, teils in englisch, ist für sie noch heute eine der stolzesten Erinnerungen an die beinahe 50jährige Lebensgemeinschaft mit diesem Mann. Eine Frage wie die nach ihrem persönlichen Favoriten unter den über dreißig Käutner-Filmen bereitet ihr Qualen. Ist es ›In jenen Tagen‹? Oder ›Unter den Brücken‹? Vielleicht ›Des Teufels General‹? ›Die letzte Brücke‹? Oder ›Die Rote‹, die sie – nicht nur der opalisierenden Farbtöne des winterlichen Venedigs wegen – gern noch einmal

Helmut Käutner und Gattin Erica Käutner-Balqué.

sehen würde? Sie mag sich nicht entscheiden, flüchtet sich lieber ins Hinhaltend-Grüblerische: »Es gibt in einigen seiner Filme Passagen, die außerordentlich gut gearbeitet sind.«

Ein Gespräch wie das mit mir ist für Frau Käutner-Balqué keine Sache der Geselligkeit, sondern der Pflicht, und das bedeutet: Sie nimmt es ernst. Ohne einen Augenblick devot zu sein, geht sie doch mit der größten Selbstverständlichkeit auf jede noch so heikle Frage ein, und kein einziges Mal flüchtet sie sich dabei in jenes leidige »Aber das dürfen Sie natürlich nicht schreiben!«, das der Refrain so vieler Interviews ist. Ebenso verhält es sich mit dem Sichten der Photosammlung: Da wird kein Privatalbum beiseite geräumt, keine vielleicht unvorteilhafte Seite ängstlich überblättert, auch die erschütternden Bilder des schon vom Tod Gezeichneten sind mir frei zugänglich, und ich bin sicher, sie gewährte mir auch, wenn ich darauf drängte, zu ihrem Allerheiligsten Zutritt: dem im Souterrain installierten Schreibtisch mit dem integrierten Handarchiv. Was zählt, ist einzig und allein mein Interesse, und ich empfange für dieses Interesse, bevor ich noch selber dazu komme, mich für so viel Entgegenkommen zu bedanken, meinerseits Dank. Während ich noch auf die Uhr blicke, um mich für die Überlänge meines Interviews zu entschuldigen, höre ich: »Es ist schön, daß Sie sich für Herrn Käutner so viel Zeit nehmen.«

Frau Käutner-Balqué ist noch nicht lange wieder in Deutschland; erst jetzt ist der Ruhesitz ihres Mannes, den sich der Altmeister des deutschen Nachkriegsfilms gerade noch einrichten, aber nicht mehr wirklich genießen konnte, aufgelöst worden. Der umgebaute Weinbauernhof *Casseta di Barabano* in der toskanischen Provinz Chianti, den Käutner, Nachbar zweier anderer prominenter Zuzügler aus Deutschland, des Schauspielers Ernst Schröder und des Komponisten Hans Werner Henze, nur noch als kranker Mann erlebt hat, ist in den Besitz eines Schweizer Bauunternehmers übergegangen; die Witwe behielt ein Wohnrecht.

1977 zog sich Käutner von der Arbeit zurück. Obwohl in seinen letzten Schaffensjahren die Kritik nicht immer freundlich mit ihm umgesprungen ist, wird man wohl sagen dürfen: Der deutsche Film verlor mit ihm eine seiner Vaterfiguren. Drei Jahre später starb Käutner – von seiner Frau und einer deutschen Krankenschwester aufopferungsvoll gepflegt. »Ich habe mich auch ums Medizinische gekümmert, hab's eigens lernen müssen – mit einem vorzüglichen Dorfarzt zur Seite. In meinen Armen ist er gestorben – und das praktisch anderthalb Jahre lang.« In dem Florentiner Hospital, in das man Käutner vorübergehend eingewiesen hatte, hielt er es nicht aus: floh im Nachthemd, den Koffer in der Hand. Doch alles Hin und Her half nichts: mit dem Taxi in sein Haus, mit dem Ambulanzflugzeug nach Berlin. Mehrere schwere Operationen, Depressionen, allgemeiner Verfall, schließlich Tod in der Toskana. Seine Witwe: »Ich habe ihn fürs Begräbnis selber gewaschen und gekleidet.« Erst, als der Zinksarg zugeschweißt wurde, kippte sie um: »Das war dann wohl doch zuviel für meine Nerven.«

Tröstlicher ist ihre Erinnerung an das Leichenbegängnis selbst: »April 1980. Es war ein stürmischer Tag. Der Sarg wurde in einen wunderschönen Leichenwagen gebettet und von unserem Hügelplateau über einen sanft geschwungenen Feldweg auf eine zweite Anhöhe gefahren. Und genau in dem Augenblick, da sich der Zug in Bewegung setzte, brach der Himmel auf, und die Sonne kam durch und tauchte den Sarg in strahlendstes Licht.«

Auch für die Witwe ist das Kapitel Toskana abgeschlossen: Helmut Käutners Grab befindet sich in Berlin. Nur wegen einiger Antiquitäten muß sie noch ein zweites Mal nach Italien; da es das dortige Gesetz ihr verwehrt, sie außer Landes zu bringen, muß sie versuchen, sie an Ort und Stelle zu verkaufen. Auch über hundert Bücherkisten sind noch aufzuarbeiten. Das Haus selbst aber ist für sie nur noch ein Stück Erinnerung: als Aquarell an der Wohnzimmerwand ihrer Berliner Wohnung. Daß sie auch in der Fremde – und über Käutners Tod hinaus an seinem Werk teilhaben konnte, weil das italienische Fernsehen etliche seiner Filme ausstrahlte, konnte nichts an ihrem Entschluß ändern: dem Entschluß, heimzukehren nach Deutschland. Obwohl dies in der Zwischenzeit in so vielem ein ganz anderes Deutschland geworden war.

Die ersten Jahre des Alleinseins verkriecht sich Erica Käutner-Balqué. 47 Jahre Ehegemeinschaft – wenn da einer der beiden ›übrigbleibt‹, ist es auf alle Fälle ein böser Einschnitt. »Trotz aller Intervalle und Intermezzi, die es in jeder Beziehung gibt. Und ganz besonders bei einer Frau wie mir, die ihren Mann wirklich geliebt hat. Nur die Feuchtwangers, die Schoenhals und die de Kowas hatten ähnlich lange Ehen. Und gar in diesem Beruf!« Die Witwe Käutner braucht also Jahre, bis sie wieder Tritt faßt. Schlägt alle Einladungen aus, geht nirgendwo hin. »Erst jetzt habe ich mir einen Ruck gegeben, bin zum erstenmal wieder zu einem Empfang gegangen. Eine Freundin hatte dazu eingeladen – Witwe wie ich. Der Mann war Hotelier. Eine bewundernswert aktive Frau. Ob ich ihrem Beispiel folgen soll?«

Zu tun gibt's genug, auch wenn einem dabei, ungeübt in Sachen Nachlaßpflege, Fehler unterlaufen mögen. Den Nachlaß – die Manuskripte und Drehbücher, die Verträge und Kritiken, die Korrespondenzen (zum Beispiel mit Carl Zuckmayer, dessen ›Teufels General‹, ›Hauptmann von Köpenick‹ und ›Schinderhannes‹ Helmut Käutner verfilmt hat) – macht Erica Käutner-Balqué, von dem dortigen Archivchef Walther Huder dazu überredet, der Westberliner *Akademie der Künste* zum Geschenk. Erst später erfährt sie, daß man für so etwas auch Geld verlangen kann. Käutners Geburtsstadt Düsseldorf hätte ihr dafür vielleicht einen Ehrensold gewährt. Während man ihr in Berlin nicht einmal bei der Wohnungssuche behilflich ist (und lediglich eine Käutner-Gedächtnisausstellung samt Katalog in Aussicht stellt), haben die Düsseldorfer das Käutner-Geburtshaus restauriert, eine *Käutner-Stiftung* ins Leben gerufen und einen *Käutner-Preis* ausgeschrieben, der, mit 20 000 Mark dotiert, alle zwei Jahre vergeben wird. Die Filmhistorikerin Lotte Eisner bekam ihn als erste, gefolgt von Käutners (inzwischen selber verstorbenem) Kollegen Wolfgang Staudte.

Der Fall Angelika Staudte macht gerade zu der Zeit, da ich bei Frau Käutner zu Besuch bin, Schlagzeilen: Die Witwe des bedeutenden Regisseurs, dessen Gesamtwerk manche noch über dasjenige Helmut Käutners stellen, lebe seit dem plötzlichen Tod ihres Mannes (bei Filmarbeiten in Jugoslawien, Frühjahr 1984) in größtem Elend. Nicht nur, daß Staudte, der sich bei einigen seiner letzten Arbeiten fatal verkalkuliert hat, seiner Frau einen beträchtlichen Schuldenberg hinterlassen habe, sei sie von schwerer Krankheit gezeichnet und finde in ihrem früheren Beruf als Funkdisponentin kein Unterkommen. Die engagierte Filmemacherin Helma Sanders-Brahms benützt die jüngste Tagung des Kulturkreises beim *Kuratorium Unteilbares Deutschland,* um die Branche zur Solidarität mit der schuldlos in Not Geratenen aufzurufen, auch die überregionale Presse schaltet sich mit Hilferufen ein, mein eigener Gesprächstermin mit ihr scheitert an der Panik, in die die noch junge Frau inzwischen geraten ist.

Niemand versteht die Staudte-Misere besser als Erica Balqué, die Witwe des Kollegen Käutner: »Die Leute haben völlig falsche Vorstellungen von der Filmbranche. Wer weiß denn schon, daß unsere Männer oft für ein Butterbrot gearbeitet haben?« Und dann berichtet sie, wie auch sie zu kämpfen hat: Da wird ›Das Glas Wasser‹, einer von Käutners erfolgreichsten Filmen, ans Fernsehen verkauft, und obwohl es eines der Werke mit Gewinnbeteiligungsklausel ist, geht die Erbin leer aus und muß ihren Anwalt einschalten. Da wird aus dem Käutner-Film ›Große Freiheit Nr. 7‹ ein Musical gemacht, aber um Hauptdarsteller Freddy Quinn nicht dem Vergleich mit Hans Albers auszusetzen, läßt man ihn ›La Paloma‹ auf *spanisch* singen und nicht in der von Helmut Käutner kreierten *deutschen* Version. Da verliert die Witwe im Streit um eine Käutner-Biographie eine Menge Geld an einen großen deutschen Verlagskonzern; da heißt es bei der Lektüre von Publikationen, die zwar dem jungen Käutner bescheinigen, mit ›Romanze in Moll‹ den besten deutschen Film während des Zweiten Weltkrieges hervorgebracht zu haben, dem der sechziger und siebziger Jahre jedoch Standpunktlosigkeit und Effekthascherei, Kunstgewerblichkeit und femininen Sentimentalismus, kurz: künstlerischen Selbstmord vorwerfen, die Zähne zusammenbeißen. Und da heißt es unausgesetzt aufpassen, Programmzeitschriften studieren und Freunde um Mithilfe bitten, damit bei Reprisen die der Witwe und Erbin zustehenden Tantiemen eingetrieben werden können.

Natürlich gibt es auch freudige Momente: wenn nach so vielen Jahren junge Menschen, die sich für Käutners Frühwerk interessieren, Photobitten äußern; wenn der (aus Deutschland stammende) schwedische Bühnen- und Kostümbildner Mago, Mitarbeiter von Ingmar Bergman, die Witwe zur Mitwirkung an einem Käutner-Bildband einlädt; wenn ein Krankenhaus, als Verbeugung vor den künstlerischen Verdiensten ihres Mannes, der Käutner-Witwe die Behandlungskosten erläßt. Als sie – zunächst versuchsweise – die selbstauferlegte Isolation der Trauerjahre aufgibt, macht sie eine beglückende Erfahrung: Die Freunde von einst sind nicht abtrünnig geworden, sie ist nicht allein. Die Depressionen weichen (und Schlimmeres, etwa Freitod, wäre für sie sowieso undenkbar – schon aus religiösen Gründen).

Erica Käutner-Balqués Wohnung ist nur wenige Schritte vom ehemaligen Käutner-Bungalow in der Königsallee entfernt, den man anläßlich der Übersiedlung nach Italien aufgegeben hat. Filmluft herrscht dort allerdings noch immer: Produzent Artur Brauner residiert nebenan. Es sind die ehemaligen Mendelssohn-Gründe im Grunewald, die bei der Witwe Käutner die Erinnerung an die schönsten

Jahre ihres Lebens wachrufen: als man, lange vor Ausbruch des Nazi-Spuks, mit Eleonora Mendelssohn, der Schauspielerin, und deren Bruder Francesco, dem Bankier, freundschaftlichen Umgang pflegte, als Gustaf Gründgens und andere Theatergrößen zum *jour fixe* kamen, als die ›roaring twenties‹ in ihren letzten Zuckungen lagen. Ein paar Jahre später – und man mußte Vorsicht walten lassen: abgedeckte (weil bereits ›gespickte‹) Telephone rundum. »Wir waren die Generation der Angst: immer unter dem Druck von Entwicklungen, die wir nicht gewollt hatten.« Während des Zweiten Weltkriegs mußte sie bei AEG als Turbinenschlosserin arbeiten – als Tochter eines US-Bürgers und Freimaurers unnachsichtig ›dienstverpflichtet‹.

Helmut Käutner und Erica Balqué haben einander in Leipzig kennengelernt. Dort ist sie – väterlicherseits aus New York, mütterlicherseits aus Thüringen stammend – auch aufgewachsen (vor der Emigration der Vorfahren und der damit verbundenen Namensangleichung hieß man ›Balcke‹). Der Vater war Schauspieler, und Schauspielerin war zunächst auch sie. Sie sind sogar zusammen aufgetreten – er als ihr Liebhaber. Später, schon in Berlin, nahm Paul Verhoeven sie am Schiffbauerdamm-Theater unter Vertrag. Dabei wäre ihr eigentliches Berufsziel etwas ganz anderes gewesen: Gehirnchirurgie und Psychiatrie. Doch als Käutner, damals Texter und Regisseur des Studentenkabaretts ›Die vier Nachrichter‹, in ihr Leben trat, war es damit vorbei: Wie aufregend, mit jungen Künstlern auf Tournee mitgenommen zu werden! Und als er seine ersten Filme zu drehen begann, engagierte er Erica Balqué als Assistentin (der es vor allem oblag, ihm in dem ewigen Widerstreit von Kunst und Kommerz die Steine aus dem Weg zu räumen). »Ich habe also unter anderem Filmkalkulation gelernt. Mit allem, was dazugehört. Bis hinunter zu der bei Dreharbeiten gestohlenen Tüte Nägel. Beim Film geht's ja immer um sehr viel Geld. Der Maler kauft sich eine Leinwand um zwei Mark fünfzig und spannt sie auf den Rahmen, der Regisseur braucht zweieinhalb Millionen.«

Solche Entlastung vom Budgetären war für einen Mann wie Helmut Käutner um so wichtiger, als er die reine Dreharbeit oft als Mühsal empfand: »Wenn er – übrigens in Sütterlin-Schrift und in seiner winzigkleinen Apothekerhandschrift – ein Drehbuch beendete, war der betreffende Film eigentlich für ihn fertig. Zu seinem Leidwesen mußte er ihn auch noch drehen ...«

In den fünfziger Jahren, als Helmut Käutner einem Ruf nach Hollywood folgte, nahm seine Frau ihr Universitätsstudium wieder auf – diesmal in den Fächern englische Sprache und englische Literatur. »Es war noch nicht die Zeit der ›independent productions‹, man wurde noch geknebelt.« Die Käutners kehrten also bereits zwei Jahre darauf wieder nach Deutschland zurück. 1961 legte Erica Käutner-Balqué ihre eigene filmische ›Gesellenprüfung‹ ab und inszenierte den Zweiteiler ›Zu jung für die Liebe‹. Unter den Darstellern: Berta Drews, Adelheid Seeck, Wolfgang Reichmann, Loni von Friedl – und Helmut Käutner, der es ja auch in seinen eigenen Filmen liebte, kleine Nebenrollen zu übernehmen. Hier spielte er einen Rechtsanwalt, und er spielte ihn streng nach den Intentionen seiner Frau: »Er kehrte keinen Augenblick den Regisseur hervor, ließ sich brav von mir führen. Ganz so, wie ich es von ihm gelernt hatte.«

Noch etwas, sagt Erica Käutner-Balqué, verdanke sie der Zusammenarbeit mit ihrem Mann: die immense Schulung ihres optischen Gedächtnisses. »Wie sonst hätte ich seine Theaterinszenierung der Donizetti-Oper ›Viva la mamma‹ weiterführen können?« Premiere bei Günther Rennert im Münchner Cuvilliés-Theater, dann Adaptierung fürs *Teatro la Fenice* in Venedig. Für die weiteren Stationen – Bologna, Palermo, Triest und Turin – stand Käutner aus Termingründen nicht mehr zur Verfügung, also mußte seine Frau für die Nachinszenierungen einspringen. Sie tat es mit Begeisterung. Und sie tat noch ein Weiteres: fügte Eigenes hinzu. Ergänzungen in punkto Lichtregie.

Daß sie sich hierauf tatsächlich versteht, zeigt auch ihre Wohnung, die sie sich in Berlin-Grunewald eingerichtet hat: raffinierteste Lichtverteilung. Es ist nicht zu begreifen, warum sie schon wieder ausziehen will. Vielleicht ist es die Unruhe, die sie quält, seit sie allein ist.

Fortsetzung folgt

Hannelore Marek

Auf dem Schutzumschlag der Bücher steht *Ceram,* auf dem Klingelbrett der Haustür *Marek* – und das gleich zweimal. Die Witwe will kenntlich machen: Es ist Wohnung und Büro. Zu rätseln, wie es sich mit der Aufteilung der beiden Lebensbereiche auf Parterre und ersten Stock verhält, erübrigt sich: C. W. Cerams archäologische Spezialbibliothek ist von so enormem Umfang, daß fast jeder Raum des Hauses Teile davon aufnehmen muß. Als man noch in Amerika lebte, im Landhaus in Woodstock, damals zwischen 1954 und 1970, mußten alle zwei Jahre neue Regale angeschafft werden: Da der Autor des Weltbestsellers ›Götter, Gräber und Gelehrte‹ ein starker Raucher war, kam für ihn ein Arbeiten in öffentlichen Bibliotheken nicht in Frage, und so mußte er die Unmengen Fachliteratur, die er für sein Quellenstudium brauchte, nolens volens erwerben und daheim aufstellen. Vom Studio übers Wohnzimmer bis zum Eßraum und Flur – überall Bücherregale. Nur Küche und Bad blieben davon ausgenommen. Und es verschlang nicht nur Raum, sondern auch ein gut Teil der Tantiemen: Archäologische Spezialliteratur ist nicht nur mühsam zu beschaffen, sondern hat auch ihren Preis. Und da die Witwe das Werk ihres Mannes fortführt, ist auch ihr Hamburger Alterssitz von oben bis unten mit Büchern vollgestopft.

Aber wieso *Marek* und nicht *Ceram?*

Schon bevor der vierunddreißigjährige Kurt Wilhelm Marek im Spätherbst 1949 mit ›Götter, Gräber und Gelehrte‹ den größten Sachbucherfolg im Nachkriegsdeutschland landet, ist er ein renommierter Mann. Der kulturell interessierte Leser kennt ihn als Feuilletonredakteur und Theaterkritiker der ›Welt‹, als Funkautor beim Nachtstudio des NWDR sowie als Cheflektor des Rowohlt-Verlags, der für die Nachworte ›seiner‹ Autoren – von Plieviers ›Stalingrad‹ bis zu Hemingways ›In einem andern Land‹ – gern selber zur Feder greift. Wenn der solcherart abgestempelte ›Marek‹ nun mit einem ›Roman der Archäologie‹ an die Öffentlichkeit treten will, nimmt ihm das keiner ab: weder Kritik noch Buchhandel noch Publikum. Also dreht er seinen Namen um, ersetzt das K durch ein C und nennt sich von Stund an Ceram.

Und wird als solcher berühmt. Wo andere Autoren froh sein können, im ›Who's Who in Germany‹ genannt zu sein, kommt C. W. Ceram auch im ›Who's Who in Europe‹, im ›Who's Who in America‹ und im ›Who's Who in the World‹ vor; Curt Riess widmet in seinem Buch ›Bestseller‹ dem großen Kollegen ein eigenes Kapitel, desgleichen die Wiener Dissertantin Ingeborg Auböck in ihrer Untersuchung über ›Die literarischen Elemente des Sachbuchs‹, und Sigrid Junker macht »Die Rezeption von ›Götter, Gräber und Gelehrte‹« gar zum Thema ihrer Diplomarbeit. Für Ceram selbst aber ist es der größte Triumph, wenn er beim Blättern in Illustrierten draufkommt, daß die Kenntnis seines Namens auch beim Auflösen von Kreuzworträtseln unentbehrlich ist.

Nun also wieder *Marek.* Hannelore Marek, die Witwe.

Es ist eine der vornehmsten Adressen der Hansestadt: Der Rondeel-Teich, an dessen Ufer die elegante Herrschaftsvilla steht, ist mit der Alster verbunden; der Filmveteran Trebitsch, ein früherer ›Stern‹-Chefredakteur sowie eine Reihe betuchter Fabrikanten sind Nachbarn. Ceram, der schon mit siebenundfünfzig stirbt, hat diesen Alterssitz nicht mehr selbst erlebt: mitten im Grünen, dicht am Wasser, hohe helle Räume mit Nachmittagssonne – eine Pracht.

Kurt W. Marek alias C. W. Ceram und Gattin Hannelore 1953 in der türkischen Ortschaft Boghazköy (Hattusas), der einstigen Königsstadt des Hethiterreichs.

Pracht und Würde. Denn obwohl manches vom Interieur an das Werk C. W. Cerams erinnert, sind die Räume frei von Weihrauch, von aufdringlich inszenierter Nostalgie. Die Kammer mit den Belegexemplaren seiner in sechsundzwanzig Sprachen übersetzten Bücher ist ein nüchterner Büroraum – die Witwe nennt es ›das Comptoir‹. Nirgendwo ein theatralisch drapierter Spaten – Ceram hat wohl an Grabungen teilgenommen, nie aber selber den Archäologen ins Handwerk gepfuscht. Nirgends auch ein Fundstück – die echten Trouvailles verblieben im Besitz der betreffenden Länder, und an ›Massenware‹ hatte er keinerlei Interesse. Nur eine bildschöne Sammlung von Kultfiguren der Hopi-Indianer hat man aus Arizona mitgebracht, sie werden dort noch immer nach den alten Mustern angefertigt, bei ihrer nächsten USA-Reise wird sich Hannelore Marek aufs neue eindecken. Auf einem der Schreibtische die Miniaturplastik eines lesenden Knaben, es ist eine Arbeit des Berliner Bildhauers Erich F. Reuter aus den frühen sechziger Jahren, ›Der jüngste Ceram-Leser‹ hat man sie getauft, in Lebensgröße schmückt sie das Grab des Autors auf dem Friedhof Klosterbergen, in nächster Nähe seines letzten Wohnsitzes: Reinbek vor Hamburg.

Das Telephon läutet, Hannelore Marek gibt Auskunft über ihren Tagesplan. Für den Abend ist ein Theaterbesuch vorgesehen: An dem kleinen ›Theater im Zimmer‹ ist sie Vorsitzende eines Freundeskreises, der um Mitglieder und Sponsoren wirbt, denn die Hamburger Kaufmannstochter, an der Alster aufgewachsen, elf Jahre jünger als ihr Mann, kommt von der Bühne, und der Bühne – vor allem der Kleinbühne – gilt nach wie vor ihre Zuneigung. Tatkräftig und unsentimental – Schwärmerei ist ihre Sache nicht. So wie auch der Kosename ›Haschi‹, dessen sich Ceram im Umgang mit ihr bediente, nichts mit neckischem ›Hasch mich‹ oder wienerischem ›Hascherl‹ zu tun hat, sondern einfach aus der Abkürzung ihres Mädchennamens hervorgegangen ist: Hannelore Schipmann.

1943, mitten im Krieg, nimmt sie ihr Studium auf: Karl Gröning und Edward Suhr sind ihre Lehrer in der Bühnenbildklasse der Hamburger Meisterschule für Mode. Dann ein Jahr Praktikum am Staatlichen Schauspielhaus, schließlich sechs Monate Arbeitsdienst in der Nähe Schleswigs: eine von fünfzig ›Maiden‹, die von ihrem Lager aus nach einem ausgetüftelten Einsatzplan auf die kriegsbedingt ›herrenlosen‹ Bauernhöfe der Umgebung verteilt werden.

Als der Krieg vorbei ist, hält sich Hannelore Schipmann einige Zeit mit kunstgewerblicher Arbeit über Wasser, beim ›Hamburger Ensemble‹ darf sie 1946 ihr erstes Bühnenbild entwerfen: ›Wir heißen euch hoffen‹ heißt das Trümmerstück, dessen Premiere erst beim dritten Anlauf glückt, weil zwischendurch immer wieder der Strom ausfällt. Answald Krüger gibt der Nachwuchsbühnenbildnerin an seiner ›Jungen Bühne‹ ihren ersten Vertrag: Hamburg ist zu dieser Zeit das Auffangbecken vieler großer Schauspieler und Regisseure, die sich aus der Reichshauptstadt abgesetzt haben. Doch mit der Währungsreform geht Krügers Theater pleite, und Hannelore Schipmann wechselt an die Kammerspiele zu Ida Ehre über, wo sie zwischen 1950 und 1952 zahlreiche Stücke ausstattet: Shaw, Wilde, Weisenborn. Mit Helmut Käutner macht sie ›Ein Glas Wasser‹, an der Musikhochschule nimmt sie einen Lehrauftrag für Theatergeschichte und Kostümkunde an.

Den Journalisten und Verlagsbuchhändler Kurt Marek lernt Hannelore Schipmann in jenen Hamburger Nachkriegsjahren kennen. Eine Theaterphotographin schart in einem ehemaligen Luftschutzkeller am Gänsemarkt, den sie als Photolabor adaptiert hat, regelmäßig Künstlervolk um sich: von Ernst Rowohlt bis Bernhard Minetti, von Wilhelm Furtwängler bis Wolfgang Menge. Auch Kurt Marek gehört dem Kreis an. Damals, 1947, schreibt er vor allem Theaterkritiken, auch zu einem der Bühnenbilder von Hannelore Schipmann hat er sich geäußert, an Gesprächsstoff ist also kein Mangel. Aber weiter läßt die Zweiundzwanzigjährige diesen Kraftbrocken nicht an sich heran, seine überbordende Vitalität ist ihr zu viel. Erst drei Jahre später wird aus der Bekanntschaft Freundschaft. Und wieder zwei Jahre später Lebensbund.

Der Berliner Tischlersohn, den es nicht in der Schule hält, der im Großantiquariat Josef Singer eine Buchhandelslehre absolviert, bei dem legendären Herbert Ihering Literatur- und Filmkritiken für den ›Börsen-Courier‹ schreiben darf und bei den Ullstein-Blättern ›Koralle‹ und ›Berliner Illustrierte‹ eine Art Spezialist für Kulturkuriosa ist, ehe er als Vierundzwanzigjähriger zum Kriegsdienst eingezogen wird, als Frontberichterstatter zwischen Narvik, Stalingrad und Monte Cassino seinen Mann stellt und aus der amerikanischen Gefangenschaft in Italien mit dem Plan zurückkehrt, ein Buch über die großen Ruhmestaten der Archäologie zu schreiben, ist nun, 1952, ein gemachter Mann. Dem Tagesjournalismus kann er ade sagen, auch seinen Posten als Rowohlt-Cheflektor wird er demnächst aufgeben; seit dem spektakulären Erfolg seines Buchs ›Götter, Gräber und Gelehrte‹, dessen Startauflage im Spätherbst 1949 binnen fünf Wochen vergriffen ist, kann er sich bedenkenlos als freier Schriftsteller etablieren.

Natürlich hat er auch Glück, dieser Tausendsassa Kurt Marek, der sich jetzt C. W. Ceram nennt. Da ist die Lagerbibliothek im US-Camp bei Brescia, in der ihm eine zerfledderte Schwarte in die Hand kommt: eine Sammlung alter Reiseberichte, die in dem Dreißigjährigen die Faszination für die ›Abenteuer des Spatens‹, also für Männer wie Heinrich Schliemann, Jean François Champollion und Robert Koldewey weckt. Da ist die glückliche Fügung, daß ebenjenes Oldenburg, wo der aus der Gefangenschaft Entlassene erste Zuflucht sucht und bei einem ortsansässigen Verlag nicht nur einen Arbeitsplatz, sondern auch noch ein Tantiemenguthaben von früher vorfindet, Sitz der einzigen deutschen Spezialbibliothek für archäologische Literatur ist. Und da ist, kurz darauf, seine Stellung bei Rowohlt, die es ihm ermöglicht, das Buch, an dessen Manuskript er dreieinhalb Jahre arbeitet und an dessen Erfolg außer ihm niemand im Verlag glaubt, in großer Aufmachung und großer Auflage herauszubringen. Wer hätte sich damals träumen lassen, daß aus jenen 12 000 Stück, für deren Herstellung Ernst Rowohlt, in schwerster finanzieller Bedrängnis, einen hohen Sonderkredit aufnehmen muß, mit der Zeit Millionen und diesem ersten Ceram-Triumph mit dem Hethiter-Buch ›Enge Schlucht und schwarzer Berg‹ und dem Indianer-Buch ›Der erste Amerikaner‹ zwei weitere Weltbestseller folgen würden ...

Aber noch ist es nicht soweit. 1952 hält die deutsche Gesamtauflage von ›Götter, Gräber und Gelehrte‹ bei 212 000 verkauften Exemplaren, also etwa einem Zehntel dessen, was inzwischen eingespielt ist. Es ist gleichwohl ohne Beispiel, und der Mann, dem dieses Zauberkunststück gelungen ist, einer als so trocken verschrienen Wissenschaft wie der Archäologie einen so spannenden Thriller abzugewinnen, daß dessen Titel zum geflügelten Wort wird, kann jedenfalls darangehen, sein Leben neu zu ordnen. Marek-Ceram wirft die Bürden des Brotberufs ab, macht sich selbständig, heiratet, baut für sich und seine Frau ein Haus im Allgäu und übersiedelt von Hamburg nach Süddeutschland. Und natürlich sitzt er längst überm nächsten Thema: der Entdeckung des Hethiter-Reichs ...

Hier setzt nun auch die Zusammenarbeit mit seiner Frau ein: Hannelore Marek, als Bühnenbildnerin im Allgäu fern vom Schuß, verlegt sich aufs Zeichnen, übernimmt die Illustration der Ceram-Bücher, übt sich im Anfertigen archäologischer Karten und Graphiken, vertauscht die Palette mit dem Reißbrett. Wenn sie sich heute in der Rückschau über jene Umstellung äußert, tut sie es voller Dankbarkeit: »Durch Mareks frühen Tod waren uns kaum zwanzig Jahre Ehe vergönnt. Aber dafür waren wir in diesen zwanzig Jahren ununterbrochen beisammen, 24 Stunden am Tag.« Und zur Arbeit selbst: »Bei meiner Theatertätigkeit war ein gutes Quantum Fantasie unerläßlich – die mußte ich nun zügeln. Jede Kontur, jedes Ornament mußte exakt dem Objekt entsprechen. Ich arbeitete mit einer großen Lupe und mit starken Lampen – bald wurde die erste Brille fällig.«

Um das künstlerische Talent nicht völlig brachliegen zu lassen, versucht sich Hannelore Marek in den Allgäuer Jahren im Spielzeugdesign: Für Vier- bis Achtjährige entwirft sie bunte Holzfiguren; unter dem Produktnamen ›Haschis lustige Gesellschaft‹ bringt sie eine führende deutsche Spielwarenfirma auf den Markt. Auch als Bilderbücher machen sie ihren Weg.

Als es den Mareks nach einiger Zeit in ihrem süddeutschen Idyll zu eng wird und sie 1954 den Entschluß fassen, nach Amerika auszuwandern, bleibt ihr Allgäuer Landhaus noch für eine Weile Ferienheim der Rowohlt-Belegschaft. Vom Erlös siedeln sie sich in Woodstock an, der berühmten, 100 Kilometer nördlich von New York gelegenen Künstlerkolonie. Es ist ein Landhaus mit viel Grün und guter Luft; hier fühlen sich die beiden, denen 1957 ein Sohn geboren wird, so wohl, daß sie fast siebzehn Jahre dableiben.

Für Frau Hannelore bedeutet es freilich den endgültigen Abschied vom Theater. Die Gewerkschaft der ›set and costumes designer‹, mit ihren nur 120 Mitgliedern ein besonders exklusiver Zirkel, läßt die Neubürgerin aus Germany nicht einmal zur Prüfung antreten. Zu einer letzten Bühnenbildarbeit kommt es also erst während eines Heimatbesuchs im Jahr 1961: Ida Ehre lädt ihre Mitarbeiterin von einst dazu ein, Machiavellis Komödie ›Mandragola‹ auszustatten. Hannelore Marek genießt den ›Rückfall‹ in den angestammten Beruf doppelt: Söhnchen Max ist mit von der Partie, der vierjährige Knirps darf auf der Bühne der Hamburger Kammerspiele nach Herzenslust draufloshämmern.

Wenn bei Hannelore Marek, nun wieder an ihrem US-Wohnsitz im Bundesstaat New York, das Theaterheimweh übermächtig wird, wendet sie sich einer Aufgabe zu, bei der ihr die Erfahrungen des seinerzeitigen Lehrauftrags an der Hamburger Musikhochschule zustatten kommen: Sie schreibt (und zeichnet) für eine guteingeführte amerikanische Kleinbuchreihe eine lexikalisch kurzgefaßte Theatergeschichte. Sie hat sich den Auftrag allerdings leichter vorgestellt, als er ist: Den Riesenstoff auf die vom Verlag verlangten fünfzig Druckseiten zu komprimieren, kostet sie anderthalb Jahre. In Deutschland, wo sie sich bis jetzt vergeblich um eine Lizenzausgabe des Bändchens bemüht hat, liegt der Fall genau umgekehrt: Den dortigen Verlagen ist ›The History of the Theatre‹ zu kursorisch, zu knapp.

Für ihren Mann, der inzwischen seinem Welterfolg auch einen Materialband ›Götter, Gräber und Gelehrte im Bild‹, unter dem Titel ›Provokatorische Notizen‹ eine Sammlung kulturphilosophischer Essays sowie eine für den NDR gedrehte sechsteilige Fernsehreihe ›Auf den Spuren der Antike‹ hat folgen lassen, kommen nun Jahre verminderter Produktivität: Mit gemischten Gefühlen feiert er den fünfzigsten Geburtstag; das Beispiel Hemingway vor Augen, der sich aus Verzweiflung über seine schriftstellerische Impotenz das Leben nimmt, bangt auch Ceram um den Erhalt seiner Vitalität. Frau Hannelore obliegt es, den verunsicherten Autor, der sich schon zu normalen Zeiten beim Schreiben schwer tut, immer wieder aufzurichten, zu einem neuen großen Projekt zu ermutigen.

Doch die Sache geht erst einmal schief: Für das geplante Tagebuch einer archäologischen Ausgrabung, »eine Schilderung von Anbeginn, die minuziöse Verfolgung der Arbeit eines Archäologenteams von der Planung bis zum Fund und dessen Auswertung«, fehlt es am geeigneten Objekt. Sämtliche in Betracht kommende Experten, die Ceram in jenem Sommer 1965 anschreibt, teilen ihm bedauernd mit, daß alle Grabungsunternehmungen vorderhand abgeschlossen sind und mit dem Start neuer erst wieder im nächsten Jahr zu rechnen ist.

Diesen Buchplan heißt es also begraben. Doch auf einem seiner langen Nachdenk-Spaziergänge fällt Ceram dafür ein anderer ein: Wie wär's mit einer umfassenden Bestandsaufnahme der nordamerikanischen Archäologie?

Genauer: mit einer Geschichte der prähistorischen Indianerkulturen Nordamerikas?

Wieder wird es ein mörderisches Stück Arbeit, und als schließlich 1971 das Manuskript des Buchs ›Der erste Amerikaner‹ zum Druck vorliegt, wird der Autor in einem eigenen Passus seines Vorworts jener Person Dank abstatten, ohne deren Mithilfe dies alles nicht zustande gekommen wäre – seiner Frau: »Auch zu Zeiten, da ein Autor inmitten seiner Materialberge zu verzweifeln beginnt, ja aufgeben möchte, fand sie den rechten, über viereinhalb Jahre stets geduldigen Zuspruch.«

Da Ceram, seinem introvertierten Typus entsprechend, Teamwork verabscheut, nicht einmal die Nähe eines Assistenten erträgt, fällt es seiner Frau zu, ihm beim Durcharbeiten jener rund zweitausend Fachbücher zur Hand zu gehen, die ihn in die neue Materie einweihen. Sie teilt sich mit ihm ins Studium der Ausgrabungsberichte, begleitet ihn auf seinen Reisen zu den diversen Grabungsfeldern, Forschungsinstituten und Museen, zur Besichtigung von Indianerreservaten, zu den Fachgesprächen mit den Archäologen. Und als die Recherchen abgeschlossen sind und endlich das eigentliche Schreiben beginnen kann, ist es wieder Hannelore Marek, die ihrem Mann die Schwierigkeiten aus dem Weg räumt. Alle Geselligkeit wird in diesen Monaten auf ein Minimum reduziert: Wochenendparties, bei denen nur Englisch gesprochen wird, bringen ihn aus dem Konzept, und es braucht mitunter Tage, bis er wieder in der Lage ist, einen deutschen Satz zu formulieren. In solchen Situationen von Schreibhemmung greift er gern zu den deutschsprachigen Klassikern, zu Goethe und Thomas Mann, und ohne Pfeifentabak und Tee geht bei so viel Nervosität sowieso überhaupt nichts.

Der erste Textentwurf entsteht von Hand, Ceram liest ihn seiner Frau vor, man diskutiert ihn, korrigiert ihn, dann folgt die Schreibmaschinenfassung, schließlich eine zweite, erst sie ist für den Druck bestimmt. Ist glücklich ein Kapitel fertig, wird eilends eine Kopie angefertigt und im

Banksafe eingesperrt: Seitdem ihm Ludwig Marcuse von jener Flutkatastrophe berichtet hat, die eines Nachts sein Holzhaus in Beverly Hills heimsuchte und sämtliche darin aufbewahrten Manuskripte vernichtete, leidet Ceram unter der fixen Idee, in Woodstock könnte ein Brand ausbrechen und die Früchte seiner Mühen in Flammen aufgehen lassen.

Als ›Der erste Amerikaner‹, Cerams letztes Buch (1971 in den USA, erst im Jahr darauf in Deutschland) auf den Markt kommt, ist der Autor ausgelaugt. Er spürt: Eine solche Kraftanstrengung schafft er kein weiteres Mal. Die vielen kleinen gesundheitlichen Beschwerden, die sich mittlerweile eingestellt haben, setzen ihm bei dem Gedanken an seine früher so ausgeprägte Potenz doppelt zu. »Eines«, so sagt er zu seiner Frau, »möchte ich ganz sicher nicht werden: ein weiser alter Mann.«

Wenn man also in Hinkunft von den Erträgen der bisherigen Bücher leben will, reicht das Geld in Deutschland weiter als im teuren Amerika: Die Mareks denken über eine Heimkehr nach. In Reinbek, in nächster Nähe des Verlags, bauen sie ein Haus, sämtliche Verhandlungen mit dem Architekten werden per Luftpost geführt.

Seine Mitwirkung an einer großen Werbeaktion zum Start der deutschen Ausgabe des ›Ersten Amerikaners‹ ist Cerams letzte Leistung. An drei Tagen signiert er 2500 Exemplare, die den Buchhändlern als Geschenk übermittelt werden. In Begleitung seines Freundes und Verlegers Heinrich Maria Ledig-Rowohlt absolviert er eine stattliche Zahl von Signierstunden und Interviews; noch strapaziösere Werbemittel wie Lesung und Vortrag bleiben einem Autor seines Kalibers erspart. Eine gesprochene Ceram-Textprobe – das gab's in all den Jahren nur ein einziges Mal: als auf einer Schiffsreise von New York nach Bremerhaven Ida Ehre zufällig mit an Bord ist. Bereitwillig liest die große alte Dame des Hamburger Theaters den Passagieren ein Kapitel aus dem ›Ersten Amerikaner‹ vor – im Beisein des Autors.

Nun also läuft der Erfolg des neuen Ceram an. Es wird

ein Bilderbuchstart: Binnen einer Woche steht der Titel auf der Bestsellerliste, binnen eines Monats sind 110 000 Exemplare über die Ladentische der deutschen Buchhändler gegangen. Doch die Freude an dem Triumph ist von kurzer Dauer: Am 12. April 1972, drei Monate nach seinem 57. Geburtstag, stirbt Kurt W. Marek alias C. W. Ceram an Herzversagen.

Sein Werk aber bleibt lebendig. Hannelore Marek, die Witwe, ist dank der jahrelangen engen Zusammenarbeit mit ihrem Mann in alles eingeweiht: in die Materie seiner Bücher, in die Kontakte mit den wissenschaftlichen Gewährsleuten, in den Umgang mit der Fachliteratur, in den Umgang mit den Verlagen, in die Verwaltung des Copyrights. Und als es eines Tages auch ihr zuviel wird, übergibt sie das Administrative einer literarischen Agentur in der Schweiz.

Zweieinhalb Jahre nach Cerams Tod gibt es einen dreifachen Anlaß, des erfolgreichsten deutschen Sachbuchautors nach 1945 zu gedenken: Es ist ein Vierteljahrhundert her, daß ›Götter, Gräber und Gelehrte‹, der Titel, der ihn berühmt gemacht, erschienen ist; soeben hat die deutsche Ausgabe seines letzten Buchs, ›Der erste Amerikaner‹, das 300. Tausend erreicht; und das Rheinische Landesmuseum in Bonn hat zum erstenmal den Ceram-Preis für ein archäologisches Sachbuch vergeben (an den Kollegen Paul Pörtner, der sich seinerseits mit Büchern wie ›Mit dem Fahrstuhl in die Römerzeit‹, ›Bevor die Römer kamen‹ und ›Die Wikinger-Saga‹ einen Namen gemacht hat). Hannelore Marek regt aus diesem Anlaß die Herausgabe eines Erinnerungsbändchens an, in dem ihr Mann die Entstehung von ›Götter, Gräber und Gelehrte‹ und sie selber die Entstehung des ›Ersten Amerikaners‹ schildert.

Unterdessen hält sie die Augen für den Fortgang der nordamerikanischen Altertumsforschung offen, sammelt alle neuen Grabungsberichte, sichtet die einschlägigen Publikationen und sieht sich nach einigen Jahren imstande, dem ›Ersten Amerikaner‹ einen Bildband zum nämlichen

Thema folgen zu lassen. Doch der Verlag (inzwischen nicht mehr Rowohlt, sondern Artemis & Winkler) hat von dem geplanten Ceram-Comeback andere Vorstellungen: Hannelore Marek soll lieber den alten Erfolgstitel überarbeiten, ihn auf den neuesten Stand bringen. Im Herbst 1991 erscheint also ›Der erste Amerikaner‹ in einer attraktiven Neuausgabe, die auf dem Titelblatt unter dem Namen ihres Mannes auch den ihren trägt.

Dankbar registriert die Witwe, wie die amerikanischen Archäologen, auf deren Mithilfe sie bei der Erstellung der Ergänzungstexte angewiesen ist, die ihrem Mann erwiesene Freundschaft auf sie übertragen: Binnen kurzem treffen alle gewünschten Auskünfte ein, Cerams bewährter Spezialantiquar versorgt sie von New York aus mit der nötigen Literatur, auch alle ihre Illustrationswünsche werden prompt erfüllt. Und als ›Der erste Amerikaner‹ auch in japanischer Übersetzung erscheint, lädt der Tokioter Lizenzverlag die Witwe gar zu einem zweiwöchigen Japan-Aufenthalt ein.

Bei so viel Großzügigkeit Dritter kann auch Hannelore Marek sich Noblesse leisten – etwa, wenn wohlmeinende Freunde sie zum Einschreiten ermuntern, weil Ceram-Epigonen allzu offensichtlich den Erfolgen ihres Mannes ›nacheifern‹ oder bei einschlägigen Ausstellungen mit Formulierungen operiert wird, die eindeutig als Abwandlungen des von ihm geprägten Markenzeichens ›Götter, Gräber und Gelehrte‹ zu erkennen sind. Derlei Übergriffe kamen schon zu Cerams Lebzeiten vor, und statt sie zu ahnden, hat er sie generös toleriert, ja als Auszeichnung empfunden.

Nur in einem Punkt bleibt Hannelore Marek hart: Verlage, die ihr – etwa bei den regelmäßigen Buchmessebesuchen – nahelegen, das einzige noch ungedruckte Manuskript aus Cerams Nachlaß, seine Kriegstagebücher, zur Veröffentlichung freizugeben, blitzen bei der erklärten Pazifistin ab. Wären sie im einzelnen auch noch so abschreckend, liefe es für manchen Leser letztlich doch auf eine Verherrlichung des Krieges hinaus, und das kann niemand wollen. Am wenigsten sie, die noch jene Alpträume im Ohr hat, die ihren Mann in den ersten Ehejahren oft aus dem Schlaf rissen, wenn die Schrecknisse von Narvik, Stalingrad und Monte Cassino sich bei ihm aus dem Unterbewußtsein zurückmeldeten...

Mein Gespräch mit Hannelore Marek geht dem Ende zu, das Telephon läutet, Sohn Max ist am Apparat. Der Mittdreißiger ist Maler und Graphiker, vor wenigen Tagen ist im Schloß von Reinbek eine Ausstellung seiner jüngsten Arbeiten eröffnet worden. Jetzt berichtet er seiner Mutter über den Verlauf der Vernissage. Er freut sich, daß man in der Eröffnungsansprache seinem Wunsch entsprochen hat, mit keinem Wort auf den berühmten Vater einzugehen. Max Marek legt Wert darauf, ganz und gar seinen eigenen Weg zu gehen, und seine Mutter gibt ihm darin recht. Im Hause Marek herrschen klare Verhältnisse.

Die Fabrik

Jacqueline Pagnol

Avenue Foch und gar eine höhere Nummer – das bürgt, so weiß in Paris jedes Kind, für Exklusivität. *Square de l'Avenue Foch* ist noch eine Steigerung: An dem stillen kleinen Rundplatz nahe der Porte de Dauphine zu wohnen, den Bois de Boulogne vor der Tür, kann sich nur leisten, wer zu den *happy few* zählt. Der Fürst von Monaco hat hier seine Pariser Absteige, Arthur Rubinstein und Madame Derval von den Folies Bergères waren Nachbarn. Claude Debussy hat hier gelebt, unweit davon Fernandel, Christina Onassis konnte man ins Fenster schauen und dem Baron Empain.

Die Literatur ist durch Marcel Pagnol vertreten.

1956 ist der Sänger des französischen Südens hier eingezogen, 1974 hier gestorben, Jacqueline, die Witwe, dreißig Jahre jünger als er, hält die Stellung.

Erste Irritation: Wie stellt sich der Besucher auf die ungewohnte Situation ein? Ungewohnt – oder zumindest untypisch: das ist sie doch wohl. Also – was ist stärker: das Befremden, Thronsaalatmosphäre anzutreffen statt Bohème? Oder aber die Genugtuung darüber, daß es endlich auch einmal einer aus der Zunft der Schreibenden geschafft hat, mit Potentaten und Magnaten gleichzuziehen?

»Nous sommes une usine«, sagt Madame in schöner Offenheit. »Wir sind eine Fabrik.«

Wir – das ist sie, die die Honneurs macht, ihre Schwester, die sich um Korrespondenz und Steuer, sein Bruder, der sich um Korrekturen und Verträge, der Buchhalter, der sich um die Buchhaltung kümmert. Und über allem drüber: Marcel Pagnols Werk. Seine Theaterstücke, seine Kindheitserinnerungen.

›Monsieur Topaze‹ und die Marseiller Trilogie ›La gloire de mon père‹ und ›Le château de ma mére‹.

Im Parterre liegen die Empfangsräume, im dritten Stock die Büros. Unangetastet bis zum heutigen Tag: das Arbeitszimmer des Meisters. Irgendwo oben das Archiv, irgendwo unten der Kinosaal. Sogar ein Schneidetisch ist im Haus – das ganz große Geld hat Pagnol ja weder mit seinen Komödien noch mit seinen Romanen gemacht, sondern mit seinen Filmen: ›Die Frau des Bäckers‹ und ›Die Tochter des Brunnenmachers‹, ›Angèle‹ und ›Naïs‹. Als er nach dem Krieg in die ›Académie Française‹ aufgenommen wurde, war das für viele auch eine Art Heiligsprechung der Kinematographie. Nur für die Gralshüter der ›littérature pure‹ war es ein Affront.

Um so mehr wußte Pagnol die Ehre zu schätzen, dem Olymp der vierzig Unsterblichen anzugehören. Das Umschlagbild der Postkartenkollektion, die, ihrem großen Sohn zum Ruhme, seine Heimatgemeinde Aubagne herausgebracht hat, zeigt ihn in der gloriosen grünen Uniform und im Schmuck seiner Orden, in keiner Pagnol-Ausstellung fehlt der *bicorne,* der traditionelle Zweispitz der Académie-Mitglieder, und als bei der Aufnahmezeremonie durch eine Säumigkeit des Waffenschmieds sein Degen nicht rechtzeitig geliefert worden war und in aller Eile Ersatz herbeigeschafft werden mußte, tat man's nicht unter einem Exemplar von königlichem Rang: Die rubinbesetzte Museumsleihgabe hatte einst das Hosenbein Alfons' XIII. von Spanien geziert.

Auf dem Kaminsims vor seinem pompös ausstaffierten ›Paradebüro‹, das Pagnol nicht für seine eigentliche Arbeit, sondern nur als Empfangskulisse für hohen Besuch gedient hat, sehe ich ein Foto der monegassischen Fürstenfamilie: Rainier und Gracia Patricia zählten zum engsten Freundeskreis. Unter den Filmleuten wären Roberto Rossellini, Orson Welles und Jean Renoir zu nennen, unter den

*Wanderer auf den Hügeln von La Treille:
Marcel und Jacqueline Pagnol.*

Schriftstellerkollegen Georges Simenon, Jean Giono und Marcel Achard. Der Generalabt der Prämonstratenser war sein Beichtvater, Arno Breker sein Porträtist.

Das war die *eine* Seite Marcel Pagnols.

Die *andere* war die mediterran-saloppe Lebensart eines den einfachen Genüssen zugeneigten Mannes, der dem Ringelpullover der Matrosen den Vorzug gab vor Manschettenhemd und Krawatte und der sich stets rühmte, von jedem Zufallspalaver mit einem Taxichauffeur oder Kellner mehr für seine Arbeit profitiert zu haben als vom Umgang mit Intellektuellen. Mit ihnen, mied er sie nicht überhaupt, lag er denn auch oft genug in Fehde – oder sie mit ihm. Der Erfolgsmensch, der nicht bereit war, sich an den Früchten seines Erfolges herummäkeln zu lassen.

Leben und leben lassen: auf keinen paßt es besser als auf ihn – auch in dem, was er schrieb. Die Kameraden seiner Kindheit, die sich in den Figuren seiner Bücher wiedererkannten, die Epigonen unter den Schriftstellern seiner Geburtsheimat, die seinen bukolischen Stil imitierten – nie, daß man da auch nur von den geringsten Spannungen gehört hätte. Die gab es immer nur mit der Kritik. ›Kritik der Kritiker‹ hieß die Streitschrift, mit der er sich 1949 seinen Ärger von der Seele schrieb.

Madame Pagnol, betörend schön im weißen Hosenanzug, offenes blondes Haar, trotz ihrer 56 Jahre von unangestrengt-jugendlicher Ausstrahlung, müßte noch immer eine blendende Bühnenerscheinung sein. Aber seit dem Tod ihres Mannes hat sie die Schauspielerei an den Nagel gehängt. Schon zu seinen Lebzeiten duldete sie keinen anderen Regisseur um sich als ihn – so wie umgekehrt er auf sie als Hauptdarstellerin seiner Filme fixiert war: auf seine ›petite Jacquotte‹. Mußte es schon – wie etwa bei jener legendären ›Sommernachtstraum‹-Aufführung in den Casino-Gärten von Monte Carlo, bei der sie die Rolle der Hermia spielte – ein anderer *Autor* sein, so wenigstens in einer ›hausgemachten‹ *Übersetzung:* Shakespeare à la Pagnol.

Ich lenke unser Gespräch nochmals auf das, was Madame mit bemerkenswertem Sinn für Selbstironie ›l'usine‹ genannt hat. ›Die Fabrik‹. Hat sich die ›Frau Direktor‹, als sie die Führung des ›Unternehmens‹ antrat, sehr hineinknien müssen? Sie verneint: »Ça marche tout seul.«

»Es läuft von ganz allein« – etwa die Sache mit den Schulkindern. Pagnols Kindheitserinnerungen stehen in Frankreich auf dem Lehrplan. Schülerzeichnungen zu den Episoden der drei Bände sind beliebte Hausaufgaben – vieles davon wird ihr zur Begutachtung zugeschickt, stoßweise wandern die Blätter ins Archiv. Und dann all die entzükkenden Fragebögen: Was ist aus Marcels kleiner Schwester geworden, welche Tiere hat er gemocht, welche Lieder hat er gesungen – Jacqueline Pagnol beantwortet jeden einzelnen Brief.

Oder die Ausflüge an die Originalschauplätze in der Provence – es gibt sie durchaus nicht nur als Schulexkursionen, *monsieur l'instituteur* an der Spitze der Klasse, sondern auch als Touristenreisen, vom örtlichen Fremdenverkehrsbüro arrangiert. Die Stätten seiner Streiche, seiner Abenteuer, seiner Ängste – alles ist zur Besichtigung freigegeben. Hier hat der kleine Marcel seine Fallen gestellt, dort saß der Uhu, vor dem er sich so gefürchtet, das ist die Höhle, in der er sich versteckt hat. Und nach Absolvierung des literarischen Teils der Veranstaltung Kräutersammeln und Picknick – auch sie selbst, Jacqueline Pagnol, in Büchern wie ›L'eau des collines‹ und ›Manon des sources‹ zärtlich verewigt, hat mit ihrem Mann Hunderte Male die Hügel und Wälder der geliebten Heimat durchstreift. La Treille heißt das Dorf, zu dem ihn immer wieder seine Erinnerungen zurückgetrieben haben – nur logisch, daß eine einfallsreiche Schulklasse ihn eines Tages mit dem Beschluß überraschte, in der betreffenden Region eine ›République de Pagnolie‹ auszurufen, Fahne anbei. Und logisch, daß er dort auch begraben liegt.

Madame steht auf und holt aus einem der Nebengemächer ein hölzernes Gebilde von der Größe eines Vogelkäfigs: Miniaturmodell einer Brunnensonde – bei jeder

Pagnol-Gedächtnisausstellung wird es gezeigt. Es symbolisiert die wohl eigentümlichste Passion dieses Künstlers, der, Sohn eines Volksschullehrers und einer Schneiderin aus der Gegend um Marseille, mit dreißig den Beruf des Englischprofessors aufgibt und mit seinen Komödien im *esprit marseillais* den Pariser Boulevard erobert: seine manische Besessenheit im Aufspüren von Wasseradern. Wo er auch hinkommt, macht er sich sogleich ans Brunnenbohren, nie – zumal in späteren Jahren – reist er ohne Wünschelrute: auch dies eine Fixierung aus Kindheitstagen, die er in jenem ausgedörrten Felsenland rund um Aubagne zugebracht hat, wo Wasser seit je zu den rarsten Bodenschätzen zählt. Der Werkzeugkasten wird ihm zum Fetisch, kein Eisenwarenhändler ist vor ihm sicher. Wo andere von ihrer Reise Muscheln als Souvenir mitbringen oder seltene Steine, sind es bei ihm ausgefallene Zahnräder oder raffinierte Schraubstöcke.

So gehören denn auch nicht nur Manuskripte zu seiner Hinterlassenschaft, sondern ebenso Schiffsmodelle und Brücken, und was ihn in seinen letzten Lebensmonaten vor allem elektrisierte, war die Theorie der Ordnungszahlen, die der französische Mathematiker Pierre de Fermat im 17. Jahrhundert entwickelt hat. Marcel Achard, dem solche Seitensprünge unbegreiflich blieben, tat alles, um dem Freund und Kollegen seine Marotte auszureden – ohne Erfolg. Und wie denn auch? In ihr manifestierte sich ein wesentlicher Teil seiner Natur. Sohn Frédéric, Ingenieur in einem elektromedizinischen Labor in Nizza, hat diesen Teil geerbt.

Madame Pagnol achtet darauf, daß in der Biographie ihres Mannes auch dieser Aspekt nicht zu kurz kommt: daß von ihrer Seite alles getan war, ihm sein tägliches Wohlbehagen zu verschaffen. »Je lui ai fait une maison«, pariert sie meine Fragen nach dem Einfluß, den sie auf sein Werk genommen habe. Sie hält wohl nicht viel von jenen Künstlermusen, die sich unentwegt dazu aufgerufen fühlen, ihren Partner zu inspirieren. Oder es sich und der Welt einreden.

Ihm ›ein Haus zu bereiten‹, ihm die zur Arbeit nötige Muße zu verschaffen, ihn gegen störende Einflüsse von außen abzuschirmen – das scheint ihr unter allem das Wichtigste gewesen zu sein. Denn auch er, der Mann des lebensfrohen Südens, hielt im Grunde streng auf Disziplin: Früh um sechs ließ er sich wecken, bis elf wurde geschrieben, dann Empfang der Freunde, Mittagessen, Siesta, Fortsetzung der Arbeit. Einzige Stimulantien beim Schreiben: blonder Tabak und der geliebte Kir. Beides steht auch jetzt bereit – so wird die Bewirtung des Gastes zugleich zur Huldigung für den verewigten Hausherrn. Kir mit Champagner – wir stoßen an auf Marcel Pagnol.

Einige Male wird unsere Unterhaltung kurzzeitig unterbrochen: Madame hat Wünsche an ihre Mitarbeiter, ihre Mitarbeiter haben Wünsche an sie. Aber es geht dabei fast lautlos zu: Man ist aufeinander eingespielt.

»Nous sommes une usine.«

Wir sind eine Fabrik.

Der weisse und der schwarze Engel

Licci Habe

Zu Weihnachten haben sie einander kennengelernt, Weihnachten ist seither für sie immer etwas Besonderes, die Geschenksuche - er schreibt es selbst - beginnt oft schon im Sommer. Einmal schleppt er für sie zwei prachtvolle Putten an, es sind kostbare Stücke, sie kommen aus Italien - Licci stellt sie im Garten auf.

Als im September 1977 Hans Habe stirbt, begleiten ihn die steinernen Engel auf seinem letzten Weg. Wenn man die paar Stufen auf dem Terrassenfriedhof von Ascona hinaufsteigt, sieht man die beiden Grabwächter schon von weitem - sie setzen einen besonderen Akzent. Sobald die Sonne auf sie fällt, blendet ihr strahlendes Weiß.

Seit einiger Zeit begibt sich Merkwürdiges rund um die steinernen Engel vom Habe-Grab: Der eine der beiden wird von Mal zu Mal dunkler; es ist der Tag abzusehen, da er rabenschwarz sein wird. Dabei ist *er* es, der Sonne hat - im Schatten steht der andere, der weiße. Licci Habe kann fragen, wen sie will: Niemand vermag ihr das Phänomen zu erklären, nicht der Friedhofswärter, nicht der Steinmetz. Also ein Zufall? Eine Laune der Natur?

Oder - eine Botschaft des Toten? Licci Habe erinnert sich, daß ihr Mann immer vorgehabt hat, einen Zyklus über ›Die weißen und die schwarzen Engel‹ zu schreiben. Und dem ›Netz‹, einem seiner erfolgreichsten Romane, ist als Motto das Psalmwort vorangestellt

> Die weißen und die schwarzen Engel - aber sie sind alle abgefallen und allesamt untüchtig. Da ist keiner, der Gutes tue, auch nicht Einer.

Hans und Licci Habe auf einer ihrer letzten gemeinsamen Reisen: in Budapest.

Licci Habe läßt keinen Zweifel daran, daß sie an ein Walten geheimer Kräfte glaubt. Da ist nämlich auch noch die Sache mit dem provisorischen Grabkreuz. Die Friedhofsverwaltung von Ascona bringt es an jedem frischen Grab an – für die Zeit, bis die Hinterbliebenen über die endgültige Gestaltung verfügt haben. Dann wird es vom Friedhofspersonal eingesammelt und verschwindet auf einem Abfallhaufen oder in einem Depot – wer weiß. Nicht so im Fall Hans Habe. Eines Tages läutet es an der Wohnungstür der Witwe, draußen steht eine Frau aus dem Ort, das längst entfernte Holzkreuz in der Hand. Es ist ziemlich ramponiert, nur der Namenszug des Toten ist deutlich zu entziffern. Bei einem Unwetter dieser Tage sei es vom See angeschwemmt worden, sie selber habe es geborgen, und da sie den Toten von seinen Büchern her gekannt und verehrt habe, habe sie es nicht über sich gebracht, es zum übrigen Brennholz zu werfen ...

Ein Jahr nach Hans Habes Tod geht die Witwe daran, den Nachlaß zu sichten. Stichprobenhaft sieht sie die Briefe durch. Briefe, die er geschrieben, Briefe, die er empfangen hat. Ihre Zahl geht in die Tausende. Einer der ersten, die sie wahllos herausgreift, ist an Kadidja Wedekind gerichtet. Hans Habe, von der Tochter des Dichters um Rat angegangen, redet ihr zu, sich des Wedekind-Œuvres anzunehmen: »Du hast Deinen Vater geliebt – warum entstaubst Du nicht seine Werke?«

Wieder fällt es Licci Habe schwer, an Zufall zu glauben. Warum ist sie unter so vielen, warum unter Tausenden gerade auf diesen einen Brief gestoßen? Hat ›er‹ ihr dabei die Hand geführt? Wie auch immer: Sie versteht es als Wink von oben. Und macht sich daran, seine frühen Bücher neu durchzusehen, zu bearbeiten, zu straffen. Mit dem Emigrantenroman ›Drei über die Grenze‹, mit dem dem Sechsundzwanzigjährigen 1937 der internationale Durchbruch gelungen ist, fängt sie an, es folgen die zu seinen Lebzeiten nur in Amerika veröffentlichte ›Kathrin‹-Story und sein Lebensbericht ›Ich stelle mich‹. Endlich hat sie eine Aufgabe –

sie, für die es nichts Schrecklicheres gibt als das Witwendasein: »Was hat das Leben für einen Sinn, wenn ich den Menschen, den ich liebe, nicht mehr glücklich machen kann? Was fange ich mit meinen Ideen an, wenn mir derjenige, dem ich sie erzählen will, nicht mehr zuhört?«

Als ahnte er seinen frühen Tod, setzt Hans Habe selber in seinem Bekenntnisbuch ›Erfahrungen‹ den Künstlerwitwen ein Denkmal: Er spreche mit so manchen von ihnen, korrespondiere mit ihnen und kümmere sich, wo er könne, um die Werke ihrer Männer. »Witwen, die treu bleiben, sind Symbole der Treue. Man kann ihnen nicht untreu werden.«

Der kleine Schatten an seiner Seite – das ist die Solotänzerin Licci Balla, die 1954 Hans Habes sechste Frau wird, schon zu seinen Lebzeiten nicht. Vorsicht vor falschen Schlüssen, zu denen das äußere Erscheinungsbild verleiten könnte: die hünenhafte Gestalt des Schriftstellers und die zartgliedrige Zierlichkeit seiner Frau. Ich treffe mich mit ihr in München – in der Halle des Hotels Vier Jahreszeiten: Wäre nicht die Eleganz ihres Auftretens, die Allüre der Grande Dame, könnte man sie, wie sie da in ihrem schwarzen Hosenanzug auf mich zukommt, aus größerer Entfernung leicht für einen Hotelpagen halten. Sie muß nicht einen, sondern zwei Köpfe kleiner gewesen sein als er. Jetzt, seit ihrer schweren Operation, bei der es um Leben und Tod ging, hat sie nur mehr ein Gewicht von zweiunddreißig Kilo. Aber wieviel Zähigkeit, wieviel Temperament steckt in dieser Frau!

»Meine life-line« nennt sie Hans Habe, »meine Verbindung mit dem Leben«. Er widmet ihr – von ›Wie einst David‹ bis ›Tod in Texas‹ – alle seine späteren Bücher, er preist sie als »Geliebte, Kamerad, Kind, Mutter, Pfand des Glücks, the best years of our lives«, und nichts kann ihn daran hindern, seine überschwenglichen Liebeserklärungen auch für den Druck freizugeben: »Blumenzart und wie eine Eiche in der Erde verwurzelt, kapriziös und bescheiden, voll innerer Stürme und von äußerer Ruhe, mein

Richter, wenn wir allein sind, und mein Anwalt in der Öffentlichkeit, voll ernster Heiterkeit und Hexerin meiner Melancholie, eine zärtliche Amazone. Seit ich sie kenne, kenne ich die Einsamkeit nicht mehr.«

Jedes Jahr am 5. April, ihrem Hochzeitstag, pflanzt Hans Habe ihr zu Ehren im Garten einen Baum. Es werden dreiundzwanzig Ehejahre – dreiundzwanzig Jahre, in denen man höchstens für einige wenige Stunden voneinander getrennt ist. »Wenn wir aufwachen, singt sie, beim Frühstück wird der Tag besprochen, der Tag ist reich.«

Licci Balla aus Preßburg. Das Wunderkind der frühen dreißiger Jahre. Ihre Solotanzabende an der Wiener ›Komödie‹ und am ›Theater in der Josefstadt‹ machen Schlagzeilen. Dann wechselt sie, ein junges Mädchen noch, als Soubrette zur Operette über und wird unter Marischka zum Publikumsliebling. Die Ungarn, die draufkommen, daß die blutjunge Senkrechtstarterin eine der ihren ist, holen sie nach Budapest und machen sie vollends zum Star, zur ›ungarischen Primadonna‹. Nicht lange freilich: Die Nazis stehen vor der Tür. In Wien hat sie das Reinhardt-Seminar besucht, und in Wien hat sie Deutsch gelernt – die Sprache, von deren Wiedereroberung sie Jahre später träumt, als sie, nach dem Zweiten Weltkrieg, aus der amerikanischen Emigration nach Europa zurückkehrt. Doch es kommt anders. Sie dreht zwar noch ein, zwei Filme aber dann beginnt die Schauspielerei sie auf einmal zu langweilen, sie wird reif für anderes, Licci Balla steigt ins literarische Agentenwesen ein, statt *vor* agiert sie nun *hinter* den Kulissen.

1954 – sie lebt inzwischen in München – lernt sie im Hotel Bayerischer Hof Hans Habe kennen. Man braucht einander seine Freunde nicht vorzustellen: »Wir kannten beinahe jeden, den der andere kannte, nur einander kannten wir nicht.« Der Schriftsteller ist in fünfter Ehe verheiratet: mit einer Amerikanerin, die mit Europa wenig anzufangen weiß, die zwei haben sich auseinandergelebt. Licci, ihrerseits seit längerem geschieden, ist frei, Habe leitet seine Scheidung ein, wenige Monate später wird in Salzburg geheiratet, in St. Wolfgang siedelt man sich an. Ascona, das sechs Jahre später ihre feste Bleibe wird, lernt man zunächst nur besuchsweise kennen, auch ist es bei aller Schönheit nicht eigentlich nach Habes Geschmack: Er bevorzugt Berge und schiefe Dächer.

Aber liegt denn einem Weltbürger wie ihm überhaupt gar so viel an einem festen Heim? Man mietet eine Villa mit einer großen Zahl großer Räume – Licci Habe nennt es ›unsere elf Tanzsäle‹. Klar, daß sie sich nach dem Tod des Gefährten für bescheidenere Dimensionen entscheidet. Daß sie einen Teil der Hinterlassenschaft, seinem letzten Willen folgend, versteigern läßt: die beiden Schreibtische und den riesigen Buchbestand, der ihn von allen Bibliotheken unabhängig machte, löst eine Pressekampagne gegen die Witwe aus. Aber an solche Gehässigkeiten ist sie gewöhnt: Hans Habes vor allem in seinen Zeitungskommentaren vehement vertretener Konservatismus hat ihn zu einem der Buhmänner der Linken gemacht. Die anonymen Schmähbriefe, darunter solche, in denen er an Leib und Leben bedroht wird, füllen schon bald einen Ordner. In einer Glosse beklagt er deren steigendes Niveau: »Anonyme Briefe zeichneten sich früher durch Analphabetismus aus: Idiotenhandschrift, orthographische Fehler, Volksschulgrammatik, Satzbau der Narren.« Jetzt seien die Intelligenzler am Werk, und »›bessere‹ Briefe sind schlechter, deprimierender auf jeden Fall, weil sich jetzt offenbar bessere Leute schlechter benehmen. Bildung schützt nicht vor Gewalt.«

An all das, wie gesagt, ist Licci Habe gewöhnt. Noch immer komme es vor, daß ein nächtlicher Schmähanruf sie aus dem Schlaf reißt – das Schweizer Telephonsystem kennt keine Geheimnummern. Auch muß sie für ihre alte Mutter erreichbar sein: im Altersheim. Und bringt nicht die Post Tag für Tag reiche, überreiche Entschädigung? Der Strom der Sympathiekundgebungen für Hans Habe und sein Werk – in vierundzwanzig Sprachen übersetzt, in vierzehn Millionen Buchexemplaren verbreitet und vielfach verfilmt – hält an, auch über den Tod des Autors hinaus. Da kann man es schon verkraften, sich hie und da mit einem böswillig verzerrten Image herumzuschlagen – mit dem Image des Partylöwen und Snobs, der nichts als seine (wie ihm eine Zeitung vorrechnet) zweiundfünfzig Cashmere-Sweater im Kopf hat.

Die Wirklichkeit schaut ein bißchen anders aus; die Witwe verweist mich auf jenes Kapitel seines Buchs ›Erfahrungen‹, in dem Hans Habe seinen Neidern entgegentritt:

»Ich wuchs im Schatten eines verpönten Namens auf; als ich zu schreiben begann, ging mir die Sprachheimat verloren; seit meinem vierundzwanzigsten Lebensjahr war ich nirgends zu Hause; fünf Ehen waren das, was die Lokalchronik ›zerrüttet‹ nennt; sechs Jahre verkämpfte ich im Krieg; die Freunde und Verwandten, die in den Gaskammern umkamen, kann ich nicht zählen; zwei Zeitungsgründungen endeten im Debakel; meine Eltern begingen Selbstmord, meine Tochter wurde ermordet. Gar so beneidenswert?«

Unser Gespräch in einem stillen Winkel der Bar des ›Vier Jahreszeiten‹ – Tee mit Milch für die rekonvaleszente Licci Habe, schwarzer Kaffee für mich – wendet sich Erfreulicherem zu: jenen zweitausend deutschen Gedichten etwa, die Habe bis zu seinem Tod habe auswendig aufsagen können, den Zitierturnieren, die er mit Freund Remarque ausgetragen habe, und der Perfektion seiner Manuskripte, die – Frucht seiner Zeitungsredaktionsjahre – mit allen erforderlichen Setzeranweisungen versehen gewesen seien – man hätte sie für Graphiken halten können. Die Lampe, die beim Schreiben brennen mußte, und mochte es draußen noch so hell sein, noch so heiß. Die ferngelenkte Sekretärin jenseits der Landesgrenzen – im eigenen Arbeitszimmer wäre sie für ihn wohl zur Belastung geworden. Und schließlich das Sprachproblem: wie er, der stets deutschschreibende Ungar, durch seine Frau wieder die Muttersprache gelernt habe, wie er, umgekehrt, es vermieden habe, mit ihr deutsch zu sprechen (um es nicht, wie er scherzte, zu verlernen), und wie er ihr, die ihr Leben lang nicht mit den Tücken des der/die/das zurechtkam, den Rat gab, sich doch ins prinzipiell sachliche Diminutiv zu flüchten, dann könne nicht viel passieren.

Seither sagt sie brav »das Bänkchen«. Statt »der Bank«.

Und »das Schränkchen«. Statt »die Schrank«.

Und Hans Habe, der es nicht nur mit dem Deutsch seiner Bücher sehr genau nahm, brauchte fortan nicht mehr Sprachpolizei zu spielen.

Eine der letzten Reisen, die Hans Habe noch unternehmen konnte, führte ihn und seine Frau in die gemeinsame Heimat Ungarn. Hier sammelte er Stoff und Atmosphäre für sein nächstes Buch, es wäre sein fünfundzwanzigstes geworden – ein Thema aus dem Dissidentenmilieu. Zu Ende geschrieben hat er es nicht mehr – der Tod hat ihn daran gehindert. Aber er hatte alles genau im Kopf. »Ich könnte Ihnen die Story bis ins Detail erzählen«, sagt die Witwe.

»Also könnten Sie sie auch niederschreiben?« forsche ich weiter.

»Nein, das könnte ich nicht. Und wenn ich es könnte: Ich täte es nicht.«

»Wen Gott strafen will, dem schickt er eine tüchtige Frau«, schreibt Habe. Gemeint ist: eine zu tüchtige.

Bei aller Nachlaßpflege: Licci Habe weiß, wo die Grenze zu ziehen ist. Und sie weiß, daß sie von ihm, überschritte sie diese Grenze, ein Zeichen empfinge. Ein Zeichen zur Umkehr. So wie sie, sooft sie von Mutlosigkeit heimgesucht war, ein Zeichen zum Weitermachen empfing. Sei es der Zufallsfund einer beziehungsvollen Briefstelle, sei es das angeschwemmte Kruzifix, sei es der schwarze Engel am Grab.

Geheimnisvolle Tiefe

Gertrude Pabst

Im Kino ist sie zu oft enttäuscht worden, all die Jahre. Nur mit Schrecken mag sie an jene Vorstellung denken, in der die Zuschauer reihenweise in Ohnmacht fielen: alle paar Minuten ein dumpfer Aufprall, wieder war einer zu Boden gegangen. Vor allem Kinder, die die drastischen Szenen nicht verkrafteten.

Nun, seit ihrer Gehbehinderung, kommt noch hinzu, daß sie seltener das Haus verläßt, überhaupt am Abend. Was also bleibt da für einen alten Menschen wie sie? Das Fernsehen.

Gertrude Pabst verfolgt das Programm allerdings anders als das normale Fernsehvolk: vieräugig. Zumindest die Themen, die auch das Interesse ihres Mannes finden könnten, schaut sie für ihn *mit.* Und manchmal geschieht es dann, daß sie sich denkt: Schade – das wär' etwas für *ihn* gewesen.

Für ihn – das bedeutet: ein Stoff für einen Pabst-Film. Zum Beispiel die Dritte-Welt-Problematik. Das Hilfsprogramm des Schauspielers Karlheinz Böhm für die Hungernden in der Sahelzone. Oder auch eine Durchleuchtung des Reagan-Backgrounds: die Hintermänner des Ex-Präsidenten. »Der war doch nur von den Industriebaronen vorgeschoben.«

Auch beim Lesen kommen ihr solche Ideen, Gertrude Pabst lebt mit Büchern. Momentan setzt sie sich mit Fritjof Capras ›Wendezeit‹ auseinander: Ein der zeitkritischen Analyse zugeneigter Regisseur wie G. W. Pabst fände darin Anregungen in Hülle und Fülle. Doch er kann keine von ihnen aufgreifen: Georg Wilhelm Pabst ist seit dem 29. Mai 1967 tot. Und seine Witwe hat, wenn sie sich an die Schreibmaschine setzt, anderes im Sinn als Filmskripts. Doch davon später.

Gertrude Pabst, dreiundvierzig Jahre mit dem Schöpfer der ›Freudlosen Gasse‹, einem der Hauptwerke der Stummfilmgeschichte, verheiratet, war die engste Mitarbeiterin ihres Mannes. Doch sie hielt sich im Hintergrund, drängte sich nie in den Titelvorspann. Nur ein einziges Mal, bei dem Nachkriegsfilm ›Geheimnisvolle Tiefe‹, gab sie sich auch nach außen hin zu erkennen: als Drehbuchautor an der Seite Walter von Hollanders.

Sie versteht also ihr Geschäft. Romain Pines, der Produzent mehrerer Pabst-Filme, lud noch in den siebziger Jahren die Witwe nach Paris ein, um sie zur Übernahme einer Regie zu überreden. Er spekulierte dabei wohl auch auf die Zugkraft des Namens Pabst, die sich dank solcher Filme wie ›Westfront 1918‹, ›Kameradschaft‹ und ›Mademoiselle Docteur‹ in Frankreich ungebrochener erhalten hat als im deutschsprachigen Raum. Jean Gabin und Micheline Presle haben mit Pabst ihre ersten Filme gedreht, Pierre Blanchard, Pierre Fresnay, Louis Jouvet und Jean-Louis Barrault die Arbeit mit ihm gerühmt.

Aber Gertrude Pabst lehnte dankend ab. »Kommt überhaupt nicht in Frage.« Ihr Ehrgeiz hat andere Ziele, höhere. In New York, so weiß sie aus Zeitschriften, laufen in mehreren Kinos alte Pabst-Filme, und in der Türkei, so haben ihr Freunde mitgeteilt, stehen die Besucher Schlange. »Keine Ahnung, wieso gerade dort.«

Das Filmgeschäft ist von so vielen Zufälligkeiten abhängig, mit so viel Frustration verbunden. Pabst hat sich selber dazu geäußert: »Ein Dichter braucht einen Bleistift und ein Stück Papier, um sich auszudrücken, ein Maler Leinwand, Farbe und Pinsel – ich aber brauche einen Apparat, der Millionen kostet.« Und sein Nachlaßverwalter? Er greift ins Leere. Die Dichterwitwe hat die Bücher ihres Mannes bei der Hand, die Malerwitwe seine Bilder oder zumindest Re-

G. W. Pabst und Gattin Gertrude in jungen Jahren.

produktionen seiner Bilder, die Komponistenwitwe seine Bänder und Platten. Die Witwe des Filmregisseurs muß sich damit bescheiden, in Standphotos zu wühlen. Gertrude Pabst: »Erst jetzt, wo es Video gibt, wird sich das ändern.« Bis dato hat sie mit einer Tonkopie der ›Dreigroschenoper‹ auskommen müssen, wenn sie den Wunsch verspürte, sich in die Arbeit ihres Mannes zu versenken. Zwei seiner insgesamt fünfunddreißig Streifen kennt nicht einmal *sie:* ›Du haut en bas‹, mit dem er Jean Gabin zum Debüt verholfen, und ›A modern hero‹, ein Louis-Bromfield-Stoff, den er 1934 in Hollywood verfilmt hat. Die Drehbücher mit Pabsts handschriftlichen Anmerkungen werden im Münchner Stadtmuseum aufbewahrt. »Aber die spielten bei ihm sowieso eine geringere Rolle als bei anderen Regisseuren: Er hatte, wenn er an die Arbeit ging, alles im Kopf.«

Der Humanist Georg Wilhelm Pabst, der nicht nur mit seinen Filmen für eine bessere Welt kämpfte, sondern auch als Privatmensch half, wo er konnte, etwa mit Affidavits (Bürgschaften) für jüdische Emigranten, fiel schon in jungen Jahren durch sein soziales Engagement, durch seinen Ernst, durch seinen Blick für das Wesentliche auf. Gertrude Pabst erzählt eine für ihn typische Episode:

1914. Der Neunundzwanzigjährige, nach ersten schauspielerischen Versuchen in Österreich, Deutschland und der Schweiz nun am Deutschen Theater in New York tätig, tritt die Rückreise in die Heimat an. Bevor das Schiff in Europa anlegen kann, bricht der Krieg aus, die nichtfranzösischen Passagiere werden interniert. Später, wieder in Freiheit, fragt man die ehemaligen Häftlinge, was sie auf ihrer menschenleeren und vegetationslosen Gefängnisinsel vor Brest am schmerzlichsten entbehrt hätten. »Die Frauen«, geben fast alle an. Der junge Theatermann aus Wien, wahrlich dem anderen Geschlecht zugetan, wenn auch niemals der ›Starletfresser‹, der junge Schauspielerinnen nur via Bett engagiert, gibt eine andere Antwort: »Die kleinen Kinder und die Bäume.«

Nein, oberflächliches Urteilen war seine Sache nicht, schon damals nicht. Und erst recht nicht später, wenn es um die Wahl der Filmstoffe ging. Gertrude Pabst: »Wir hätten es leicht zu großem Reichtum bringen können, wenn er weniger wählerisch gewesen wäre. Aber er hat nur gedreht, wovon er voll überzeugt war. Dann allerdings unter äußerstem Einsatz. Selbst unter Einsatz seines Lebens.«

Beispiel: sein Film ›Kameradschaft‹. 1931, einer seiner ersten Tonfilme. In Frankreich läuft er unter dem Titel ›La Tragédie de la Mine‹. Es ist ein typischer Pabst-Stoff: Grubenkatastrophe in einem Bergwerk an der deutsch-französischen Grenze, Deutsche und Franzosen retten in brüderlicher Gemeinschaft die Verunglückten. Die Dreharbeiten sind von Pannen überschattet: zuerst bei den Außenaufnahmen in Gelsenkirchen, wo ein Wespenschwarm den Regisseur überfällt, später im Berliner Atelier, wo in der

Bergwerkskulisse (Abgüsse der Minenwände werden mit Kohlestaub eingefärbt) die vom Drehbuch vorgesehene Grubenexplosion zu stark ausfällt und ihm das Gesicht versengt.

Daß Pabsts Ruhm in späteren Jahren verblaßt und etliche seiner Filme bei Kritik wie Publikum auf Ablehnung stoßen, hat ebendiesen Grund: daß es immer schwerer wird, auf dem Filmmarkt Sujets durchzusetzen, die seiner persönlichen Überzeugung entsprechen. Gertrude Pabst: »Die Produzenten nach 1945 hatten zuwenig Mut.« Auch all die Anerkennung der späten Jahre, aller postume Lorbeer – Légion d'Honneur und Professorentitel, Pabst-Dissertationen und Pabst-Straße, Ehrenpension und Ehrengrab in unmittelbarer Nachbarschaft seiner Lieblingsschauspieler Werner Krauss und Albin Skoda – können nicht darüber hinwegtäuschen, daß G. W. Pabst empfindlich darunter gelitten hat, viele seiner Projekte am Nein der Geldgeber scheitern zu sehen. Eine von wenigen Ausnahmen: ›Der letzte Akt‹ – sein Film über das Führer-Finale im Bunker der Reichskanzlei. Eine von Hitlers Privatsekretärinnen hatte fürs Drehbuch ihre persönlichen Aufzeichnungen zur Verfügung gestellt.

Pabsts *eigener* ›letzter Akt‹, 1956 gedreht, war zugleich sein erster Farbfilm: ›Durch die Wälder, durch die Auen‹ – die Entstehungsgeschichte von Carl Maria von Webers Oper ›Der Freischütz‹. Sein nächstes Projekt, die Geschichte der biblischen Judith, kam schon nicht mehr zustande: G. W. Pabst, von der Parkinsonschen Krankheit heimgesucht, war die letzten zehn Jahre seines Lebens arbeitsunfähig. Das Aufkommen des Fernsehens, das ihn sehr interessierte, konnte er nur noch resigniert kommentieren: »Zehn Jahre jünger müßte man sein ...« Ob es ihm da wenigstens eine gewisse Genugtuung bedeutet haben mag, daß einer seiner beiden Söhne in höchster Position an der Entwicklung des neuen Mediums mitwirken konnte? Peter Pabst, Jahrgang 1924, hat sich inzwischen auf den elterlichen Landsitz in der Steiermark zurückgezogen (wo sein

Vater, der verhinderte US-Emigrant, ausgenommen die Arbeit an den Filmen ›Komödianten‹ und ›Paracelsus‹, die Kriegsjahre verbracht hatte). Michael Pabst, der jüngere der beiden Söhne, hat sich dem Kunsthandel zugewandt und mit dem Standardwerk ›Wiener Grafik um 1900‹ auch als Buchautor auf sich aufmerksam gemacht.

Gertrude Pabst, Berlinerin und in erster Ehe mit einem mecklenburgischen Gutsbesitzer verheiratet, hat fast die gesamte Filmlaufbahn ihres Mannes tätig miterlebt: Der Film, der ihn weltberühmt gemacht hat, ›Die freudlose Gasse‹, wurde in ihrem zweiten Ehejahr gedreht. Die Witwe, fünfzehn Jahre jünger als er, erinnert sich noch heute, sechzig Jahre danach, an jedes Detail. An die von Hugo Bettauer, dem Autor des gleichnamigen Romans, im 7. Wiener Gemeindebezirk angesiedelte Gasse, die für die Verfilmung in Berlin nachgebaut wurde. An die strapaziösen Dreharbeiten im Hangar von Zeppelin, der gerade frei war – nach allen Seiten offen, mitten im kältesten Winter. Und an die Hauptdarsteller: Asta Nielsen, Werner Krauss, Valeska Gert.

Und Greta Garbo. Pabst, der die noch Namenlose in einer schwedischen Verfilmung von ›Gösta Berling‹ gesehen und daraufhin nach Berlin engagiert hatte, holte sie vom Zug ab.

»Wie ist sie?« erkundigte sich Gertrude Pabst nachher.

»So eine Frau gibt's nur alle hundert Jahre!«

Gemeinsames Abendessen bei den Pabsts. »Es ging mir genauso wie meinem Mann: Ich konnte mich nicht sattsehen an der vollkommenen Schönheit ihres Gesichts, vergaß das Essen aufzutragen – mein Mann gab mir einen Fußtritt unterm Tisch. Dazu ihr wunderschönes Deutschschwedisch – in ihren späteren Filmen hat sie ja immer nur englisch gesprochen.«

Um so enttäuschender die Dreharbeiten: »Mein Mann kam völlig verzweifelt nach Hause. ›Sie zittert vor Nervosität!‹ sagte er. Alle Versuche, ihr die Aufregung auszureden, alle Beschwörungen, sie könne ihre Szenen so oft wiederholen, wie sie wolle, niemand werde ihr daraus einen Vorwurf machen, waren vergeblich. Nach einer Woche stand fest: Die Aufnahmen sind unbrauchbar, die Rolle muß umbesetzt werden. Da kam ihm die rettende Idee – per Zufall. Es ging um eine kleine, aber wichtige Szene, in der eine Aktentasche deutlich sichtbar zu Boden fällt. Der Vorgang kam im Bild nicht kräftig genug zur Geltung, also entschloß man sich, ihn in etwas gedehnterem Tempo zu drehen. Mit einem Anflug von Zeitlupe. Und genau das war auch die Lösung für Greta Garbos Nervositätsproblem: Nun, auf den langsamer gedrehten Bildern, wirkte sie auf einmal ganz ruhig. Noch Jahre später, als mein Mann einmal in Hollywood war, klagte ihm einer der dortigen Produzenten, wie mühsam es sei, mit der hypernervösen Garbo zu filmen, und mein Mann verriet ihm daraufhin sein Rezept.«

Welcher Triumph wäre es für G. W. Pabst gewesen, die Anfängerin von 1925, die inzwischen Weltkarriere gemacht hatte, in späteren Jahren noch einmal vor die Kamera zu bekommen! Als er 1947 erstmals nach dem Krieg wieder in New York war, traf er sich mit ihr, um ihr sein Odysseus-Projekt schmackhaft zu machen: Gregory Peck in der Titelrolle, sie als Penelope. Das Hotel an der Park Avenue, in dem er abgestiegen war und in dem die Begegnung stattfinden sollte, geriet angesichts des hohen Besuchs völlig aus dem Häuschen: Man machte eine eigene Suite dafür frei, unentgeltlich natürlich, das Personal wurde herausgeputzt, das ganze Haus mit Blumen geschmückt. Greta Garbo erschien zum vereinbarten Termin. Und sagte Pabst zu. Als er nach Wien zurückkehrte, steckte das Absagetelegramm schon im Briefkasten: »Sorry, I can't do it.«

Unter Stoffmangel wird sie also nicht zu leiden haben, wenn Gertrude Pabst sich daranmacht, eine gedrängte Biographie ihres Mannes zu schreiben: Das Kapitel Garbo ist nur eines von vielen. Ein anderes (das in Umrissen schon

›steht‹) betrifft Pabsts Zusammenarbeit mit dem berühmten russischen Sänger Fedor Schaljapin – sie liest mir die amüsante Geschichte von dem Trick vor, mit dem es ihrem Mann gelang, den großen Bühnentheatraliker zu natürlichem Agieren zu bekehren. Es ging um die Verfilmung von Cervantes' ›Don Quijote‹. Gedreht wurde in Nizza. Schon die ersten Aufnahmen zeigten, daß sich der selbstherrlich-verwöhnte Opernstar nie und nimmer von seinem Regisseur würde führen lassen. Schaljapin besaß seine eigene Auffassung von der Rolle, und da hatte ihm keiner dreinzureden. Nur leider – was auf der Opernbühne gang und gäbe (und vielleicht sogar erwünscht) ist: die große pathetische Gebärde, hier im Film wirkte sie lächerlich. Aber wie sollte man das der Mimose Schaljapin beibringen? Pabst versuchte es mit folgender List: Er wählte aus den vorliegenden Probeaufnahmen die allerdrastischste aus und ließ sie seinem Hauptdarsteller kommentarlos vorspielen. Ergebnis: Schaljapin war entsetzt. Und von Stund an ein gehorsamer Gefolgsmann seines Regisseurs, Wachs in dessen Händen.

Schwerer hatte es Pabst, mit Brecht zurechtzukommen. Es ging darum, dem Dichter sein Einverständnis für die Filmfassung der ›Dreigroschenoper‹ abzuringen, für die Drehbuchautor Leo Lania einen eigenen, einen ›filmgerechteren‹ Schluß vorgesehen hatte. In einem Badeort an der französischen Riviera war ein Treffen vereinbart. Mit aller Arroganz, deren er fähig war, ließ Brecht die Filmleute seine Geringschätzung spüren, ließ sie mit dem Fernglas den Strand nach ihm absuchen, ihm auflauern, und als sie schließlich, nach einer Kette von Demütigungen, doch noch seiner habhaft wurden, kam es zwar zu einem kurzen Gespräch, doch zu keinerlei Einigung. Der Rest ist bekannt: Der Film (Hauptrollen: Rudolf Forster, Carola Neher, Reinhold Schünzel, Fritz Rasp und Valeska Gert) wurde gedreht, Bertolt Brecht distanzierte sich davon, man verkehrte miteinander nur noch über die Anwälte.

Wer sich das Heim eines Filmregisseurs mit Kinoplakaten und Kinoprogrammen, mit Standphotos und Starphotos tapeziert vorstellt, liegt zumindest im Fall Pabst falsch: Das vornehme Appartement im fünften Stock eines großen Nachkriegsmiethauses am Wiener Schottenring, in dem G. W. Pabst seinen Lebensabend verbracht hat und seine Witwe den ihren verbringt, könnte ebensogut die Wohnung eines höheren Ministerialbeamten, eines Rechtsanwalts, eines Gelehrten sein. Gertrude Pabst, eine Dame von nobler Erscheinung und vollendetem Auftreten, hat nichts von jener Flapsigkeit an sich, die der Außenstehende so gern mit dem Filmbetrieb identifiziert. Dabei stand sie, solange ihr Mann tätig war, in diesem Filmbetrieb stets mittendrin: las die eingereichten Manuskripte, ging, sobald die Besetzungsliste für ein neues Projekt feststand, mit den Schauspielern in den großen Modehäusern die Kostüme aussuchen, assistierte ihrem Mann im Studio beim Ausmustern der Szenen, beriet ihn in Fragen der Musik. Und selbst wo ihr Wirken unsichtbar blieb, schöpfte er noch aus ihm Kraft: aus der großen, inneren Ruhe, die von dieser ungewöhnlichen Frau ausstrahlt. Es ist eine innere Ruhe ganz besonderer Art, und man mag eine eigene Fügung darin sehen, daß Gertrude Pabst sie letztlich einem schicksalhaften Erlebnis bei einer der Filmarbeiten ihres Mannes verdankt.

1932, G. W. Pabst dreht ›Die Herrin von Atlantis‹, und da er einer der ersten Regisseure ist, die mit der Kamera ›hinausgehen‹ an die Originalschauplätze, in die freie Natur, verlegt er das sagenumwobene Reich der Königin Antinea in die Wüsteneinsamkeit der Sahara. Brigitte Helm spielt die Hauptrolle, man dreht dreisprachig: in deutsch, französisch und englisch, Frau Pabst begleitet ihren Mann nicht nur nach Algerien, sondern übernimmt auch eine kleine Nebenrolle: eine englische Journalistin. Der französische Kommandant, dem das für die Außenaufnahmen ausgewählte Wüstenfort untersteht, ist von Gertrude Pabst so beeindruckt, daß er sie kurzerhand zum Major ernennt. Araber, Berber und Tuaregs – die Ehrenformation, die sie an seiner Seite abschreitet, könnte malerischer kaum sein. Aber das eigentliche große Erlebnis für alle Beteiligten ist der Sandsturm, der im Drehbuch vorgesehen ist: Zuerst wartet man voller Ungeduld auf sein Eintreten, dann wütet er mit solcher Urgewalt, daß man um Kameras und Filmmaterial bangen muß. Niemand im Team, der von dem schaurig-schönen Naturschauspiel nicht zutiefst beeindruckt wäre. Für Gertrude Pabst aber ist es mehr: die Pforte in ein neues Leben. Es ist, wie wenn der Sturm das Firmament leergefegt hätte: Myriaden von Sternen sind dem Blick freigegeben. Wie unter einer riesigen Glocke kommt sich die bis dato ungläubig Gewesene vor: »Der Himmel hat sich mir aufgetan.« Nun geht es Schlag auf Schlag: Gertrude Pabst gerät unter den Einfluß einer Yoga-Lehrerin, nimmt Meditationsübungen auf und krempelt bis ins kleinste ihr Leben um: kein Fleisch, kein Alkohol, kein Nikotin. Bedeutungsvolle Träume weisen sie auf neue Wege, der Glaube an Weiterleben und Wiedergeburt wird ihr zur Gewißheit. Ist das alles nicht ein bißchen viel auf einmal? Nur knapp geht's am physischen Zusammenbruch vorbei...

Lange zögert sie, ihrem Mann ihr Geheimnis zu entdecken. Dann, bei einem Abendessen im Bois de Boulogne (man ist inzwischen wieder in Paris), weiht sie ihn ein. G. W. Pabst ist zuerst sprachlos, dann aber erwacht der Künstler in ihm, und so, mit Künstleraugen, vermag er der radikalen Wandlung seiner Gefährtin jenes gespannte Interesse entgegenzubringen, das Voraussetzung für den Fortbestand, ja vielleicht sogar für die Intensivierung ihrer Beziehung ist. Er akzeptiert die Einstellung seiner Frau – allerdings nur für sie, nicht für sich selbst.

Gertrude Pabst weiß zu diesem Zeitpunkt nicht, daß ihre Reaktion auf das Gotterlebnis in der Wüste noch einer entscheidenden Kurskorrektur bedarf. Erst nach Jahren wird ihr klar, daß sie auf dem Weg von Yoga und Zen-Buddhismus nicht weiterkommt: Die Schriften der Theresia von

Avila führen sie zur Auseinandersetzung mit dem Katholizismus; der Täufling, den man, als sie vor einem Muttergottesbild in einer römischen Kirche kniet, an ihr vorbeiträgt, gibt ihr das Zeichen der neuen Taufe: Gertrude Pabst konvertiert; das Sakrament der Firmung spendet ihr der Wiener Kardinal in seiner Privatkapelle im Erzbischöflichen Palais.

Aus der Agnostikerin Gertrude Pabst ist beim Filmen in der Wüste Sahara eine Mystikerin geworden, deren inneres Auge Dinge wahrnimmt, die anderen verschlossen bleiben. Obzwar sie es vemeint: Ist sie über diese geheimnisvollen Frequenzen womöglich auch mit ihrem Mann in Verbindung?

Seit einiger Zeit wendet sie alle Kraft dafür auf, über ihr neues Leben Rechenschaft abzulegen – mit einer umfangreichen religionsphilosophischen Abhandlung, an der sie Tag für Tag schreibt. Das nächste Blatt ist schon in die Maschine eingespannt. Aber an die Öffentlichkeit, so hat sie verfügt, darf das Ganze erst nach ihrem Tod.

»Dank sei dem Tag, da ich sie traf ...«

Kathrin Leip

Am 12. Juni 1983 wird Kathrin Leip neunundsechzig. Die Woche davor stirbt ihr Mann. Unter den tausend Schmerzen, die ihr der Verlust des Partners zufügt, ist die Erfahrung, zum erstenmal seit fünfunddreißig Jahren auf ein Geburtstagsgedicht von seiner Hand verzichten zu müssen, gewiß eine der leichter verkraftbaren. Um so größer das Entzücken, als sie geraume Zeit später, bei erstem Ordnen des Nachlasses, auf ein Manuskript stößt, das sich bei näherer Betrachtung als Entwurf eines Geburtstagsgedichts entpuppt. Er hat's also auch diesmal nicht vergessen, hat mit schon zitteriger Hand seiner Gefährtin gehuldigt, nur für Endfassung und Reinschrift hat's nicht mehr gelangt.

Kein Geburtstag, kein Hochzeitstag, an dem Hans Leip es versäumte, für seine Kathrin einen Vers zu schmieden und ihr auf den Frühstückstisch zu legen. Im Jahr davor – sie wird achtundsechzig, er neunundachtzig – ist es gar etwas Siebenstrophiges. ›Abgesang‹ nennt er es:

So laßt mich denn verdämmern still,
ich merke, meine Zeit ist um.
Ob ich noch neunzig werden will?
Ich hab' mich oft gefragt: warum?

Seine Antwort auf das ›Warum?‹ ist klar und eindeutig: Wenn es irgend etwas gibt, was ihn noch am Leben hält, dann ist es das Zusammensein mit seiner Frau:

Mit ihr nipp' ich noch Lebenstrank,
Gespräch und Landschaft, Speis' und Schlaf
und Malerei und Abgesang.
Dank sei dem Tag, da ich sie traf.

So geht das über sieben Strophen dahin.

Und wieder ein Jahr davor gibt es Außerturnusmäßiges. Es ist Mitte Jänner, der Siebenundachtzigjährige steht vor einer schweren Operation, muß das Risiko einkalkulieren, den Eingriff nicht zu überleben. Vorsorglich nimmt er Abschied von Kathrin:

Ich seh' der Waage Zünglein schwanken,
drum will ich inniglich dir danken
für all die Zeit, die meinem Leben
Du so viel Glanz und Kraft gegeben.
Schwimm' ich nun ab ins Nimmermeer,
bleib hübsch und klug und tüchtig wie bisher!

Nie wäre Kathrin Leip zu seinen Lebzeiten auf den Gedanken verfallen, in die Tagebücher ihres Mannes Einblick zu nehmen: Sie wäre sich unanständig vorgekommen. Nun aber gehört es zu ihren Pflichten als Hüterin des Nachlasses, und sie geht dieser Pflicht gewissenhaft nach. Sie ist darauf gefaßt, daß ihr auch Momente des Erschreckens nicht erspart bleiben werden: Hans Leip war bis ins hohe Alter ein von den Frauen umschwärmter Mann, der auch schon in den vorangegangenen drei Ehen so mancher Versuchung nachgab. Eventuellen Vorhaltungen entzog er sich, indem er Schwächeanfälle simulierte. Da tut es gut, in den Tagebucheintragungen die Dinge wieder ins rechte Lot gerückt zu sehen, und Kathrin Leip unterzieht sich voller Genugtuung der Mühe, die schönsten unter den sie betreffenden Stellen zu exzerpieren. Sie spannt ein Blatt in die Schreibmaschine ein und tippt sie der Reihe nach ab – eine Systematikerin der Liebe, die sich aus diesem ganz

Hans Leip als Gardefüsilier im Kriegsjahr 1915, als er das Lied von Lili Marleen schrieb.

Hans Leip und Gattin Kathrin 1952.

persönlichen Zitatenschatz die Kraft fürs Weiterleben, fürs künftige Alleinsein holt.

Es sind Bekundungen von Zusammengehörigkeitsgefühl und Dank – beginnend in jenem Schicksalsjahr 1948, da man die ›Berufung‹ erkennt, zueinander zu gehören, und endend mit der Vorahnung in den frühen Achtziger Jahren, daß der Abschied naht. Auch den nichtigsten Anlaß nutzt Hans Leip, seine Gefährtin zu rühmen – etwa, wenn sie in die nahe Kreisstadt fährt, um im Reformhaus die seinem überempfindlichen Magen zuträglichen Lebensmittel einzukaufen, und sich bei der Rückkehr verspätet:

»Wo bleibt Kathrin? Endlich kommt sie, dem Himmel sei Dank! Ohne sie wär's mir nicht mehr lebenswert.«

In der ›Bergung‹, einer Erzählung aus dem Jahr 1939, findet sich der Satz:

»Eine Frau sollte die Liebe eines Mannes nicht dahin ausnutzen, ihn von seinem innersten Berufe abzubringen. Je schwerer der Beruf ist und je wichtiger für die Allgemeinheit, desto tapferer muß sie es ertragen.«

Leip ist zu dieser Zeit sechsundvierzig, erst acht Jahre später wird Kathrin Bade in sein Leben treten – und damit Forderungen wie diese überflüssig machen. Denn ebendies erkennt die um einundzwanzig Jahre Jüngere sehr bald als den Auftrag, den ihr das Schicksal erteilt hat: dem Genie an ihrer Seite jegliches Hindernis seiner Entfaltung aus dem Weg zu räumen. Und sie erfüllt diesen Auftrag getreulich bis zu seinem letzten Atemzug.

Hamburg, Oktober 1947. Kathrin Bade, 33, wird zu einem Atelierfest in einem Haus am Feenteich eingeladen. Gastgeber ist der Maler Otto Thämer, es gibt Erbsensuppe und Grog. Und Literatur. Denn auch der Dichter Hans Leip ist angesagt – man nimmt an, daß er aus seinen Werken lesen wird. Leip ist zu dieser Zeit ein bekannter Mann: Die Liebesgeschichte ›Jan Himp und die kleine Brise‹ hat anhaltenden Erfolg; ›Godekes Knecht‹, seltenes Beispiel eines Abenteuerromans aus dem deutschen Mittelalter, ist dank Thomas

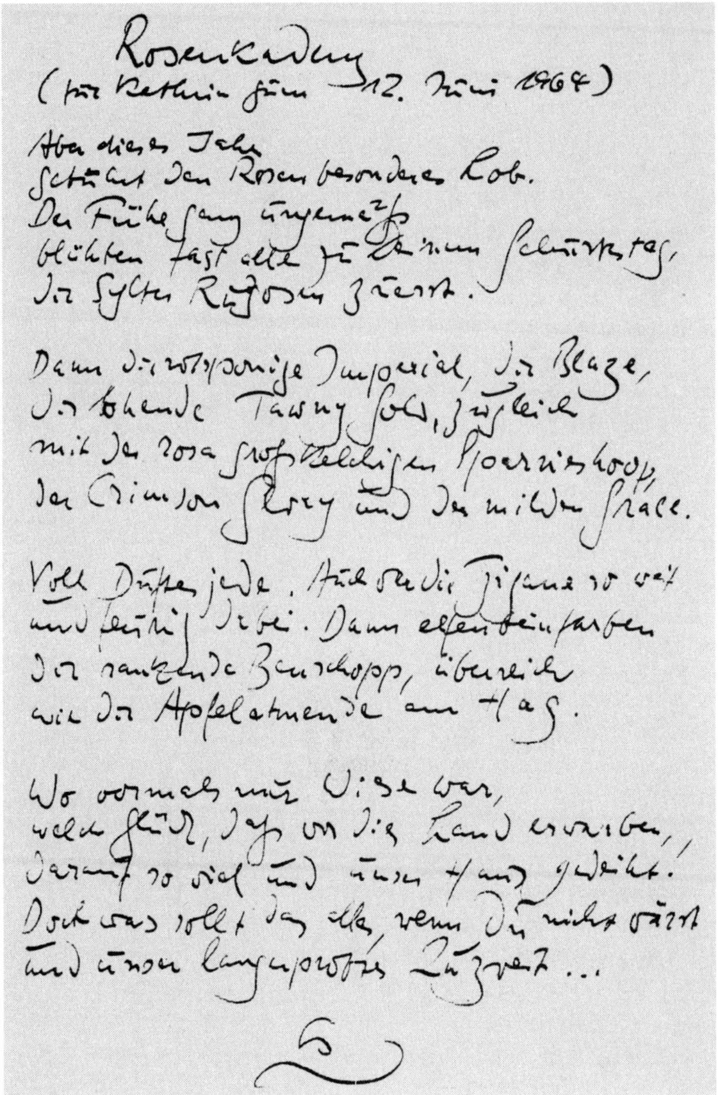

Rosenkadenz
(für Kathrin zum 12. Juni 1964)

Aber dieses Jahr
gebührt den Rosen besonderes Lob.
Der Frühe ganz ungemäß
blühten fast alle zu deinem Geburtstag,
die Sylter Rugosen zuerst.

Dann die rotsporige Imperial, die Blaze,
die lohende Tawny Gold, zugleich
mit der rosa großkelchigen Poernishoop,
der Crimson Glory und der milden Grace.

Voll Duftes jede. Auch war die Tiziana so rot
und feurig dabei. Dann elfenbeinfarben
die rankende Beauchopp, überreich
wie der Apfelatmende am Hag.

Wo vormals nur Wiese war,
welch Glück, daß wir die Land erwarben,
darauf so viel und unser Haus gedeiht!
Doch was sollt das alles, wenn Du nicht wärst
und unser langersprosses Zuzweit …

Eines von vielen Liebesgedichten,
die Hans Leip seiner Gattin Kathrin gewidmet hat.

Manns Votum als Sieger aus einem Prosawettbewerb hervorgegangen; vieles von seiner so ›singigen‹ Lyrik ist vertont – allen voran ›Lili Marleen‹, das Lied vom jungen Wachtposten ›vor der Kaserne, vor dem großen Tor‹, das Millionen Soldaten beider Seiten Trost zusprach in schwerer Zeit.

Kathrin Bade, Sekretärin im Marion-von-Schröder-Verlag, liebt vor allem das Jan-Himp-Buch, es reizt sie, den Dichter persönlich lesen zu hören, sie nimmt die Einladung an. Doch das Ganze entpuppt sich als Mißverständnis: Von Autorenlesung ist keine Rede, es soll nur ein geselliger Abend werden in kleinstem Kreis. Dennoch ereignet sich Folgenreiches: Hans Leip verliebt sich in die junge Person. Und sie? Bei ihr ist es vorerst wohl nur Respekt. Bis auch bei ihr Liebe daraus wird, vergeht einige Zeit. Außerdem ist der Dichter – im Gegensatz zu ihr – nicht ungebunden: Hans Leip, Vater dreier Töchter aus den beiden ersten Ehen, ist seit sieben Jahren das drittemal verheiratet (mit Ilse Haalck, die heute hochbetagt in einer Seniorenresidenz in Eutin lebt). Daß er keine Söhne hat, ist ihm nur recht: Entweder, so scherzt er, wären sie eine Enttäuschung oder aber eine Konkurrenz.

Kathrin Bade wird von allen Seiten gewarnt: Der Dichter steht im Ruf, ein Schwerenöter zu sein, von Affären mit geschiedenen Frauen und jungen Witwen ist die Rede, eine habe sich seinetwegen gar das Leben genommen. Doch als er, nach einem Bergunfall in Tirol Haus und Familie fliehend, in einem Sanatorium am Chiemsee Heilung sucht, erreicht sie sein Ruf, und sie folgt ihm ohne Zögern.

1949 wird die Scheidung ausgesprochen, Hans Leip und Kathrin Bade können heiraten, in Breitbrunn am Chiemsee bauen sich die beiden ihr Nest. Der Gatte, sonst schon nach kurzer Ehedauer zu Seitensprüngen neigend, bleibt seiner Gefährtin treu.

Gemeinsam setzt man alle weiteren Schritte: Übersiedlung in den Allgäu, an den Bodensee, schließlich in die Schweiz. In Fruthwilen, dem winzigen Dorf oberhalb des Fischerhafens Ermatingen im Kanton Thurgau, findet die

Odyssee ihr Ende: zuerst als Mieter auf einem bäuerlichen Herrensitz, der in besseren Tagen den Domherren von St. Johann zu Konstanz als Jagdschloß gedient hat, sodann, ab 1963, im eigenen Haus. Die Hubhalde ist ein 250 Meter über dem Ufer des Untersees aufragender Geländevorsprung fernab der Verkehrsstraßen; Wiese, Wald und Schlucht machen das obstbaumumstandene Grundstück zum idealen Retiro der beiden Naturmenschen; bei der Anlage von Haus und Garten, Gitter und Hecke, Pforte und Weg, Goldfischteich und Biotop kommt man völlig ohne Architekt aus. Man behält die deutsche Staatsangehörigkeit, bei den Schweizer Behörden holt man lediglich die Bewilligung zur Niederlassung ein, die gemeinsame Heimat Hamburg ist nur noch Erinnerung, Besuchsziel, Archiv.

Die Jahreszeiten hier geben sich mild,
voll sanfter Schönheit prangt das Land.
Doch über den See und das Obstgefild
weht fernher der Wind vom Atlant.

Wenn Hans Leip, nun schon in seinem letzten Lebensjahr, des Morgens aufsteht, ist das erste, was er tut, an die beiden Fensterluken seiner Schlafkammer zu treten und die Landschaft seiner Wahlheimat in sich einzusaugen – zunächst die Ost-, dann die Westseite. Und wenn er sich dabei über den Sims beugt, kann sein Blick auch die Grabstätte einfangen, die er sich auf dem eigenen Grund – und nach seinen eigenen Anweisungen – hat anlegen lassen: den hellen Stein auf der Gartenterrasse, die seiner Handschrift nachgestalteten Initialen, den knappen Vers in der von ihm entwickelten Form der Pentame:

So
lebe
liebe und
leide getrost bis
zur Fahrt ins stillste Nimmermeer

Den Tod fürchtet Hans Leip nicht: Er selber geleitet Besucher zu seiner letzten Ruhestätte und gibt dabei präzise Erklärungen ab, wie er, wenn es soweit ist, zu betten sei: mit Blick nach Norden.

Auch der makabren Einladung eines Verlages, seinen eigenen Nachruf zu verfassen, widersetzt er sich nicht:

> Was denn blieb
> von ihm auf Erden?
> Er war aus Hamburg und schrieb.
> Was kann das schon werden?
> Überdies
> malte er zu seinem Vergnügen.
> Worauf man ihn wissen ließ:
> Eines müsse genügen.
> Er gedachte, sich mit Kadenzen zu kränzen
> und auch mit seinen Pentamen zu glänzen.
> Man hat drüber hingesehn
> und hielt sich an Lili Marleen.
> Er liebte die Seefahrt sehr.
> Drum gebe ihm Gott
> einen guten Pott
> im Nimmermeer!

Auch der Name der Witwe ist bereits in den Grabstein gemeißelt, sie soll dereinst zu seiner Linken ruhen. Ob sie dann aber überhaupt noch in der Gegend ansässig sein wird? Den Sommer über auf der schwäbischen Alb, den Winter über in Ascona – so könnte sie sich ihren Lebensabend gut vorstellen. Freilich müßte zuerst dafür gesorgt sein, daß das Haus in Fruthwilen in die richtigen Hände kommt. Nachdem der Plan des Gemeindevorstehers, im nahen Salenstein ein Hans-Leip-Museum zu gründen, nicht genug Befürworter gefunden hat, wäre dies vielleicht die Lösung: den Dichtersitz als Gedenkstätte weiterzuführen. Kathrin Leip denkt dabei an Leute aus dem Lager idealistisch gesinnter Naturschützer, die sich hier samt

Obstkultur und Landwirtschaft eine stilgerechte Bleibe schaffen könnten. Ob sie vielleicht in einer der einschlägigen ›grünen‹ Zeitschriften ein Inserat einschalten sollte? Auf keinen Fall darf sich wiederholen, was nach Hans Leips Tod mit dessen früherem Haus in Hamburg-Blankenese geschehen ist: Die dortigen Erben haben den Besitz meistbietend versteigern lassen.

Wenn ich zu Recherchen wie diesen – ich bin für zwei Tage zu Gast bei Kathrin Leip im Schweizer Kanton Thurgau – aufbreche, erwarten mich unterschiedliche Verhältnisse. Je nach Temperament des Gesprächspartners wird improvisiert oder aber nach einem präzis festgelegten Plan vorgegangen. Manche schicken mir schon vorweg Material zu, andere halten es im Gegenteil zurück, auch Prüfungen, ob ich denn für ein solches Unternehmen würdig sei, bin ich schon unterworfen gewesen. Kathrin Leip hält unter denen, die für schrankenlose Offenheit sind, den Rekord. Die Verhinderungsfloskel »Das dürfen Sie aber auf keinen Fall schreiben!«, lästiger Refrain so vieler Witweninterviews, kommt ihr kein einziges Mal über die Lippen, und auf der Ablage in der Bibliothek, der großen Tischplatte, die den Schubladenkasten mit dem graphischen Nachlaß des Malerdichters abschließt, türmt sich das Material, das für mich bereitgestellt ist.

Neben den belletristischen Werken des Autors liegen auch die beiden Sachbücher, die er mit sechzig bzw. sechsundsechzig geschrieben hat: die Golfstrom-Saga ›Der große Fluß im Meer‹ und ›Bordbuch des Satans‹, eine Chronik der Freibeuterei. Dazu ›Das Tanzrad‹, seine erst mit fünfundachtzig vollendete Auobiographie, Neuauflagen alter Erfolge wie ›Jan Himp und die kleine Brise‹, ›Das Muschelhorn‹, ›Aber die Liebe‹, ›Die Klabauterflagge‹ und ›Godekes Knecht‹. Hans Leips große Zeit mag zwar lange vorbei sein, doch mit immerhin zwölf Titeleintragungen ist er auch jetzt noch im ›Verzeichnis lieferbarer Bücher‹ präsent. Jeden der Bände, die ich zur Hand nehme, kommentiert die Witwe in kompetenter Weise, und sie tut es ohne Schwärmerei und Weihrauch, ja wo es ihr geraten erscheint, auch kritisch – etwa, wenn in neueren Lyrikanthologien immer nur ›Lili Marleen‹ und nichts sonst zum Zuge kommt oder wenn in ihre Beurteilung seines Spätwerks die leise Klage einfließt, wie sehr sie sich da noch »das eine oder andere Bedeutendere« gewünscht hätte. Dann aber wieder, wo es um seine späte Lyrik geht, rückhaltlose Bewunderung, gepaart nur mit bitterer Enttäuschung über die Verlage von heute, die vor dem Risiko einer Gesamtausgabe zurückschreckten. »Das hat meiner Koronarinsuffizienz, an der ich seit einigen Jahren laboriere, gar nicht gut getan.«

Gleichwohl – das erwartete Lili-Marleen-Lamento bleibt aus: Kathrin Leip ist Realistin genug, nicht nur freimütig zuzugeben, sondern sogar dankbar dafür zu sein, daß es noch immer, bald achtzig Jahre nach seiner Niederschrift, jenes fünfstrophige Gedicht vom abschiednehmenden Wachesoldaten ist, das sie ernährt (und gar nicht so schlecht). Alle Vierteljahre rechnet die GEMA die Lili-Marleen-Tantiemen mit ihr ab, und alle Vierteljahre sind es rundgerechnet satte 15 000 Schweizer Franken. Das ergibt ein Monatssalär von knapp 6000 Mark, und davon läßt sich (ihre eigene Pension hinzugerechnet sowie die ihres Mannes aus früheren Jahren, da er im Schuldienst stand) gut leben – auch wenn das Haus noch immer mit Hypothekarzinsen belastet ist.

»Wenn die GEMA nicht wär', wären Töpfe und Pfannen oftmals leer!« sang schon Hans Leip das Lob der Aufführungs- und Vervielfältigungsüberwachung. Dennoch mochte er sich nicht auf ein anhaltendes Sprudeln dieses Quells verlassen, und so forderte er in seinen letzten Lebensjahren die zweite Seite seiner Doppelbegabung und malte, malte, malte, was Pinsel und Palette hergaben: »Ich muß für meine Frau vorsorgen.« Noch vier Tage vor seinem Tod vollendete er – aus der Erinnerung ein allerletztes Bild: ›Unser Chiemsee-Fenster‹.

Kathrin Leip kann es sich also leisten, den in ihrem Besitz verbliebenen Teil des Nachlasses, soweit es sich um Manuskripte, Vertonungen, Tagebücher, Korrespondenzen, Widmungsexemplare und Photographien handelt, der Hamburger Staats- und Universitätsbibliothek zu vermachen. Nur die Ölbilder, Aquarelle, Druckgraphiken, Zeichnungen, Holz- und Linolschnitte, die er hinterlassen hat, haben ihren Preis. Der von Amts wegen beigezogene Taxator hat ihn festgesetzt, und daran hält sie sich. Die Hans Leip von seiner Vaterstadt Hamburg verliehenen Auszeichnungen – die Medaille für Kunst und Wissenschaft, der Staatsportugaleser, die Admiralsplakette und das Dekret zum ›Professor h. c.‹ – ruhen in der Ermatinger Filiale der Kantonalbank im Safe.

Und gewiß auch die Urhandschrift der ›Lili Marleen‹? werfe ich ein.

Kathrin Leip verneint: »Ich habe keine Ahnung, wo das Original gelandet ist. Zuletzt befand sich das Blatt im Besitz einer schwerkranken, inzwischen verstorbenen Schauspielerin, die dringend Geld brauchte. Sie hat es für 300 Mark verhökert. Eine vergilbte Seite aus einem Notizbuch, Schrift und Noten kaum leserlich. Man stelle sich vor: 1915 geschrieben, auf der Pritsche eines Wachlokals in der Kaserne der Gardefüsiliere zu Berlin.«

Und damit sind wir auch schon mitten in der abenteuerlichen Geschichte eines ganz und gar unbeabsichtigten Welterfolgs, dessen Ende noch immer nicht abzusehen ist...

Hans Leip wächst in seiner Geburtsstadt Hamburg auf, der Vater ist Schauermann im Hafen, hat also mit dem Laden und Löschen der Seeschiffe zu tun. Früher als in anderen Haushalten kommen bei den Leips Bananen auf den Tisch – der Import der exotischen Frucht setzt gerade ein. Auch den Buben zieht alles, was mit See und Seefahrt zusammenhängt, magisch an. Doch die Mutter setzt sich durch: Wenn schon nicht Pastor, wird er wenigstens Lehrer. Turnen, Schwimmen, Zeichnen sind seine Fächer zumindest für einige Zeit.

Im Ersten Weltkrieg ist Hans Leip an der Karpatenfront eingesetzt. Glück im Unglück: Eine Beinverletzung mit anschließendem Lazarettaufenthalt befreit ihn von jedem weiteren Dienst mit der Waffe. Und verweist ihn an den Schreibtisch. Leip wird Kunstkritiker, bringt im ›Simplicissimus‹ sein erstes Gedicht unter, versucht sich als Zeichner, Graphiker und Aquarellist, versieht zwischendurch Redaktionsdienst und landet 1925 mit ›Godekes Knecht‹ den ersten Romanerfolg.

Als junger Gardefüsilier nimmt er im Frühjahr 1915 an einem Offizierskurs in Berlin teil. Zusammen mit seinem Zimmerkameraden Klaas Deterts geht der Zweiundzwanzigjährige auf ›Brautschau‹. Lili, die Angestellte in dem Gemüseladen im Haus seiner Quartiergeberin, schnappt ihm Freund Klaas weg; für ihn bleibt Marleen, die Tochter eines Militärarztes, die mit ihrem Vater aus dem Mecklenburgischen zugezogen und als Hilfsschwester in einem Berliner Lazarett tätig ist. Als der Abmarsch ins Feld bevorsteht, findet die flüchtige Romanze vor dem Kasernentor ein jähes Ende – und wie von selbst fließt dem Offiziersanwärter Hans Leip, der in der Nacht vom 3. auf den 4. April Wache schiebt, das Lied vom jungen Wachtposten in die Feder. Vers um Vers kritzelt er es in sein Notizbuch und dazu die Noten, damit man's auch singen kann. Kunstgriff des angehenden Dichters: Klaas Deterts' Lili und seine Marleen verschmilzt er zu einer einzigen Figur – zu Lili Marleen. Bei einer Abschiedsfete auf der Bude eines Kameraden wird das Lied aus der Taufe gehoben – es ist das einzige Mal, daß es nach Leips eigener Melodie gesungen wird. Als mehr als zwanzig Jahre später seine Verssammlung ›Die kleine Hafenorgel‹ in Druck geht, verleibt er ihr nur zögernd das Lili-Marleen-Gedicht ein: Eigentlich ist es ihm dafür zu persönlich, zu privat.

Zu Beginn des Zweiten Weltkriegs gerät der Text dem Komponisten Norbert Schultze in die Hände, und den regen – ohne Leips Wissen – die fünf Strophen von dem Mädchen, das im Laternenschein vor dem Kasernentor auf seinen Liebsten wartet, zu einer eigenen Melodie an, Elisabeth Carlotta Helena Eulalia Bunterberg alias Lale Andersen singt sie auf Platte, die Platte wird ein Renner, und als sie im kriegführenden Deutschland, wo inzwischen die ›weiche Welle‹ verpönt ist, unterdrückt wird, nimmt sich der Soldatensender Belgrad um so nachhaltiger ihrer an und strahlt sie Abend für Abend aus. Auch das feindliche Ausland hat ihren Reiz entdeckt, Marlene Dietrich singt sie für die amerikanischen GIs. Goebbels, bei dem Versuch, die Matrize aus dem Verkehr zu ziehen, scheiternd, dreht den Spieß um und will aus der Lili-Marleen-Story einen Kinostreifen machen. Da der Autor jedoch seine Mitwirkung verweigert, kommt's erst nach dem Krieg zur Verfilmung – und nicht in Deutschland, sondern in England.

Auch ein zweites Projekt geht schief: Per Zeitungsaufruf will man die beiden Prototypen ausfindig machen. An die 250 melden sich, die alle die ›echte‹ Lili und die ›echte‹ Marleen sein wollen. Doch die Photos, die man dem Autor vorlegt, bezeugen klar: Keine der beiden ist darunter. Lili hat in der Zwischenzeit irgendwohin in die Provinz geheiratet, Marleens Spuren verlieren sich in Polen.

Nach dem Krieg meldet sich der amerikanische Dichter John Steinbeck zu Wort: Für ihn ist (im Gegensatz zu den strengen Germanisten, die sich, wenn überhaupt, abfällig äußern) ›Lili Marleen‹ das schönste Liebeslied aller Zeiten – nur schade, daß ein Deutscher es geschrieben hat. Und General Eisenhower, auf Visite bei seiner Lieblingsdivision in Innsbruck, will den Autor, der zu dieser Zeit in Tirol Unterschlupf gefunden hat, kennenlernen. Doch der Adjutant, der ihn an jenem Abend holen soll, blitzt ab: Hans Leip liegt schon im Bett. Eisenhowers ›Befehl‹ wird zurückgezogen: Laßt den braven Mann in Ruhe; er ist der einzige Deutsche, der während des Krieges der ganzen Welt Freude bereitet hat.

Später wird auch das Fernsehen ins Thema einsteigen:

Norbert Schultze kommt zu ›seinem‹ Textautor in die Schweiz auf Besuch, am Spinett im Fruthwilener Dichterhaus bringen es die beiden vor laufender Kamera noch einmal im Original zu Gehör. Und als das ZDF im Frühjahr 1980 aus der Dortmunder Westfalenhalle die Sendung ›Die schönsten Melodien der Welt‹ ausstrahlt, erringt Lili Marleen einen stolzen siebenten Platz. Hans Leips Resümee: »Es war niemals ein Kriegslied, sondern nur ein Lied im Krieg, war nur ein Liebeslied und hat darum allen Krieg überdauert.«

Als der Autor drei Jahre später stirbt und die Witwe den Leichnam zur Kremierung nach St. Gallen begleitet, kann der Friedhofswärter sich nicht zurückhalten und stimmt während der Fahrt das Lied vom abschiednehmenden Wachesoldaten an. Nur ein einziges Mal muß Kathrin Leip einschreiten: als ihr Anfang 1991 zu Ohren kommt, Norbert Schultze trage sich mit dem abstrusen Gedanken, eine Golfkrieg-Version der ›Lili Marleen‹ auf den Markt zu werfen. Kathrin Leip kann ihm den Unsinn ausreden, die Anwälte brauchen nicht tätig zu werden.

Unter der Unzahl Bücher, die Hans Leip in den fünfunddreißig Jahren Zusammenseins mit seiner Frau dieser zum Geschenk macht, ist eines, an dem in besonderer Weise ihr Herz hängt: ›Vom Werden des neuen Arztes‹. Verfasser ist der weltberühmte Schweizer Ernährungsforscher Dr. Maximilian Bircher-Benner – das wird Kathrin, die von den Großeltern her eine starke Neigung zu gesunder Lebensweise hat, bestimmt interessieren. Und ein bißchen denkt er dabei wohl auch an sich selbst: Seit seiner schweren Ulcus-Erkrankung hat Hans Leip allen Grund, Diät zu halten.

Kathrin schreitet zur Tat und läßt sich im Winter 1954/55 bei Bircher-Benner zu einem Kurs einschreiben, den sie teils in dessen Zürcher Klinik, teils im Bircher-Kurhaus im Berner Oberland absolviert – mit Auszeichnung. Um ihre praktische Erfahrung zu mehren, tritt sie anschließend einen Posten als Diätassistentin in Schloß Steinegg im Kanton Thurgau an, wo zu dieser Zeit der Schweizer Verein für Volksgesundheit residiert. In einem Turmzimmer des Schlosses findet währenddessen Hans Leip Unterschlupf: Hier kann er die Arbeit am Golfstrombuch zu Ende führen.

Neben der Sorge für ihren Mann, die ihr Lebensinhalt ist und bleibt (sie selber ruft ihn seit Jahr und Tag Heinrich, nicht Hans), nützt Kathrin Leip jede freie Minute, um auch an ihrer eigenen Weiterbildung zu arbeiten, und dazu gehört unter anderem, daß sie sich nach Maßgabe ihrer persönlichen Interessen im Schreiben übt: Ihre Pflanzenporträts, auf gründlichen Studien fußend, werden von der angesehenen ›Neuen Zürcher Zeitung‹ gedruckt und vortrefflich honoriert. Weitere Aufträge werden ihr von ihrem Mann zugeschanzt: Wenn Zeitschriftenredaktionen ihn um Beiträge bitten, die zu schreiben ihm keine Zeit bleibt, springt Frau Kathrin mit Eigenem ein – Übungen, die ihr zustatten kommen, als sie 1957 (es ist gerade eine Phase finanzieller Engpässe im Hause Leip) dem Ruf folgt, die Leitung der in Zürich erscheinenden Vierteljahreszeitschrift ›Ernährungsmagazin für Gesunde und Kranke‹ zu übernehmen.

Drei Jahre ist sie nun dort Mädchen für alles: Redaktor, Anzeigenakquisiteur, Abonnentenwerber. Erst, als Hans Leips Honorarkonto sich wieder erholt hat, gibt sie dem Drängen ihres Mannes nach und quittiert den ebenso interessanten wie einträglichen Job, dem sie unter anderem die Bekanntschaft zahlreicher renommierter Ärzte verdankt. Fürchtet Hans Leip, seine Gefährtin könnte ihm entgleiten?

Eines jedenfalls bleibt ihr von jener Zeit: Sie wüßte, wenn sie noch einmal in ihrem Leben vor der Berufswahl stünde, sehr genau, wie sie sich zu entscheiden hätte. Sie würde Medizin studieren und sich als Homöopathin etablieren. Jetzt, wo es dafür zu spät ist, kann sie ihr Wissen nur im engsten Umkreis weitergeben.

Von dem englischen Staatsmann Francis Bacon stammt das berühmte Wort: »In den ersten zehn Jahren einer Ehe ist die Frau die Geliebte ihres Mannes, in den zweiten zehn seine Kameradin und in den dritten zehn sein Kindermädchen.« Daran ist viel Wahres, nur würde Kathrin Leip das despektierlich-schroffe ›Kindermädchen‹ durch ›Betreuerin, Pflegerin, Ärztin‹ ersetzen.

Beinah neunzig wird Hans Leip an ihrer Seite, die Chronik seines Lebensabends gibt ihr recht. Und was tut die Witwe, als ich selber mich an jenem Januartag 1992 am Ende meines Besuchs im Leip-Haus zu Fruthwilen von ihr verabschiede? Sie gibt mir einen ganzen Katalog von Ratschlägen mit auf den Weg, wie ich gesund durch den Winter komme. Echinacea, Sanddorn und Holunder, Dinkel, Hirse, Honig und Rahm – ich bitte um Verständnis, wenn ich meinen Bericht an dieser Stelle abbreche, ich muß mich schleunigst auf den Weg machen, in einer halben Stunde schließt die Reformapotheke.

»Die Leute müssen von selbst kommen ...«

Elisabeth Furtwängler

Vom Hotel aus rufe ich noch einmal an, Elisabeth Furtwängler erklärt mir den Weg. Am *Montreux Palace* vorbei bis ans Ortsende von Clarens und dort, beim Yachthafen vor der Ile de Salagnon, in den kleinen *Chemin de la Prairie* - so weit ist alles klar. Dann aber wird's kompliziert: Die vielen *chemins* und *sentiers* samt all ihren Verästelungen und Abkürzungen, dazu die Gefahr, daß es in so exklusivem Gelände keine Passanten gibt, die man im Notfall um Auskunft bitten kann, machen mich mutlos. Frau Furtwängler verspricht, mir entgegenzukommen, begleitet von Hündin Cora, die es zu schätzen weiß, wenn sie sich wieder einmal auf fremdem Grund umsehen und neue Gerüche schnuppern darf.

Lebhaft, herzlich, witzig - Elisabeth Furtwängler ist nicht die Frau, die man mit umständlichen Höflichkeitsfloskeln erobern muß: Sie ist sofort voll da, gibt einem das angenehme Gefühl, schon lange mit ihr bekannt zu sein, und erteilt auf alle Fragen bereitwillig Auskunft - auch auf solche, die man gar nicht gestellt hat. Sie trägt an diesem Vormittag ein locker sitzendes dunkelblaues Kostüm - das gepflegte graue Haar unterstreicht die Eleganz ihrer Erscheinung. Sie ähnele jetzt auffallend einer anderen berühmten Elisabeth aus der Musikwelt, sage ich.

Ja ja, der Schwarzkopf, das hätten ihr auch schon andere gesagt. Aber doch wohl nur, was das Äußere betreffe. Sie scheint Wert darauf zu legen, daß bei solchen Vergleichen nicht zu weit gegangen wird. Ist ihr die preußische Primadonna zu geschäftstüchtig, zu kühl?

Der leicht ansteigende Weg führt an der Klinik vorbei, in der die Furtwänglers zuerst Unterschlupf fanden, als sie 1945 am Genfer See Zuflucht suchten: zwei Zimmer bei dem berühmten Frischzellenspezialisten Dr. Niehans. Dann die *Villa l'Empereur,* wo man bis 1953 zur Miete wohnte. Und schließlich der Prachtbesitz *Basset Coulon,* den Wilhelm Furtwängler kurz vor seinem Tod erwarb und in dem nun schon über drei Jahrzehnte die Witwe residiert. Das oft photographierte Doppelhaus: der zierliche ältere und der großzügige neuere Teil, strahlend weißer Verputz, dunkelgrüne Fensterläden. Die Wiesenkuppe vorm Haus von einer mächtigen, steinalten Zeder beherrscht, die Oskar Kokoschka von einem der Balkons aus gemalt hat – vier Jahre nach Furtwänglers Tod (nicht ohne Bedauern, das geplante Ölporträt des Maestros versäumt zu haben). Keine Mauereinfriedung, nicht das kleinste bißchen Zaun – sowohl zum Fußweg wie zur Autostraße hin ist *Basset Coulon* vollständig offen. Auch Thomas Mann hatte sich, als er seine Heimkehr nach Europa vorbereitete, für das Anwesen interessiert und es sich vom Vorbesitzer zeigen lassen, dann aber doch die Villa in Kilchberg am Zürcher See vorgezogen. ›Kein Zimmer für Erika‹ ist als Hauptgrund für Thomas Manns Rücktritt von den Kaufverhandlungen überliefert – wohl ein Übermaß an Bedachtnahme auf die schwierige Tochter, das die jetzige Hausherrin um so mehr erregt, als Erika Mann ihrerseits mit dem Vater ungleich rücksichtsloser umgesprungen sei. »Kein Zimmer für Erika!« – das werde ich bei meinem Rundgang durchs Haus, durch seine vielen schönen Räume und verwinkelten Gänge, noch öfter zu hören bekommen ...

Rundblick von einem der Balkons: gesegnetes Land. Zur Linken bäuerlicher Weidegrund – ich höre das Kuhglockengeläut vom Almabtrieb, rechter Hand eine von vielen Gerling-Besitzungen. Im Frühjahr 1878 hat Tschaikowsky in Clarens sein Violinkonzert geschrieben. Als Furtwängler-Adresse reicht der Hausname aus, die Post findet auch ohne Straßenangabe ihren Weg. Momentan ist außer

Wilhelm und Elisabeth Furtwängler
(auf dem Weg zu einem von ihm dirigierten Konzert).

Frau Furtwängler nur noch Enkel Felix im Haus. Dennoch wirkt keines der Zimmer – bis hinauf zu den entlegenen Kammern und Mansarden – unbenutzt: Fünf Kinder (vier aus ihrer ersten, eines aus ihrer Ehe mit dem Dirigenten) und zwölf Enkel sorgen zumindest besuchsweise für Betriebsamkeit, und auch der *Septembre musical* von Montreux-Vevey führt so manchen Gast ins Haus. Kaum ein Raum ohne Kunstwerk: Elisabeth Furtwängler hat einen beträchtlichen Teil der Dirigententantiemen in Gegenwartskunst angelegt. Allein ihre Kokoschka-Sammlung – vom Frühwerk bis zum Altersporträt – verdient höchste Bewunderung; auch Erich Heckel, dem ihre besondere Verehrung gilt, ist mit exemplarischen Arbeiten vertreten; noch in einem der Badezimmer hängen Originalzeichnungen von Ernst Ludwig Kirchner. Wie ›maßgeschneidert‹: Kokoschkas fünfteiliger Litho-Zyklus ›Das Konzert‹ – da kann's, wenn einmal die Aufteilung des Erbes spruchreif wird, zu keinerlei Streit unter den Kindern kommen. Irgendwo auf einer Kommode eine Kollwitz-Plastik, im Klavierzimmer ein Duplikat des Sonne-Mond-Gobelins aus dem Salzburger Festspielhaus – man spürt auf Schritt und Tritt, daß die ursprüngliche Neigung der in Berlin aufgewachsenen Wiesbadener Fabrikantentochter nicht eigentlich die Musik gewesen ist, sondern die bildende Kunst. Erst die elf Jahre an der Seite Wilhelm Furtwänglers haben ihr jene stupende Kennerschaft vermittelt, die sie befähigte, ein so kompetentes Musikbuch wie das Erinnerungswerk ›Um Wilhelm Furtwängler‹ zu schreiben. Einen derart uneitlen Buchtitel kann sich nur leisten, wer sich seiner Sache ganz sicher ist. ›Um Wilhelm Furtwängler‹ hat hervorragende Kritiken bekommen und inzwischen die dritte Auflage erreicht – allen Unkenrufen ihrer Bekannten zum Trotz, die ihr von dem Unternehmen heftig abgeraten hatten.

Während wir uns in einem der oberen Räume niederlassen, dringt aus dem ersten Stock Klaviermusik. Enkel Felix, der in Genf Musik und Mathematik studiert, übt auf dem

Furtwängler-Flügel Bach. Er, der zweisprachig Aufgewachsene, geht Elisabeth Furtwängler zur Hand, wenn es – wie etwa bei der Vorbereitung von Vorträgen in Genf oder Lyon – um besondere Feinheiten im Französischen geht. Auch an amerikanischen Universitäten hat sie schon über Leben und Werk ihres Mannes referiert – nun liegt eine Einladung nach Japan vor. Der anhaltende Furtwängler-Kult, der nach immer neuen Schallplattennachpressungen, nach immer neuen Bänder-Funden verlangt, hat speziell in Fernost Dimensionen angenommen, über die auch die Witwe nur staunen kann. Auf ihrem Schreibtisch türmen sich die Manuskriptblätter – ihre Vorträge in Tokio und Kyoto bedürfen noch des letzten Schliffs. Auch die Kleider für ihre Japan-Auftritte liegen zum Packen bereit. Vor der Hektik des Zehntageprogramms, das die Veranstalter für sie ausgearbeitet und ihr im Entwurf zugeschickt haben, ist ihr ein bißchen bange, und da ist es gut, daß Andreas Furtwängler, ihr Sohn aus der Ehe mit dem Dirigenten, ihr Begleiter sein darf. Andreas ist (wie sein Großvater, der berühmte Adolf Furtwängler) Archäologe; nach Jahren in Griechenland (wo auf der Insel Samos sein Sohn Rhoikos zur Welt gekommen ist, benannt nach dem Erbauer des dortigen Tempels) bereitet er gegenwärtig seine Habilitation an der Universität Saarbrücken vor. Seit er es leid ist, unentwegt auf seine verblüffende Ähnlichkeit mit dem Vater angesprochen zu werden (vor allem in der Art, sich zu bewegen), hat er sich demonstrativ einen Bart wachsen lassen.

Elisabeth Furtwänglers anfängliche Skrupel, die großzügige Einladung ihrer Gastgeber auch für ihren Sohn in Anspruch zu nehmen, waren in dem Moment ausgeräumt, da ihr zu Ohren kam, was ›der große Herbert‹ bei seinen Japan-Auftritten kassiert hat: hunderttausend Mark pro Karajan-Konzert. In ihrem Buch kommt die ›nachdrängende Konkurrenz‹ noch mit keinem Wort vor (aber auch Namen wie Knappertsbusch nicht, wie Clemens Krauss oder Karl Böhm). Inzwischen sind Jahre darüber vergangen, man ist gelassener geworden. Und Wilhelm Furtwängler so sehr zum Mythos, zur Legende (und auch zum Markenartikel), daß seine Witwe es nicht nötig hat, sich an jener blinden Vergötzung zu beteiligen, die ein prominenter deutscher Musikkritiker als »fast schon paranoid anmutende Abwehr anderer Phänomene« gerügt hat. Elisabeth Furtwängler selbst ist es also, die den Namen Karajan im Verlauf unseres Gesprächs immer wieder ins Spiel bringt – unaufgefordert und unverkrampft. Und vor allem: mit noblem Bemühen um Unvoreingenommenheit. Gewiß, da fallen kritische Worte, wo es um die Beurteilung der späten Affären mit den Berliner Philharmonikern geht (»So etwas wäre unter Furtwängler niemals passiert!«), da wird zwischen den Empfindlichkeiten der beiden fein unterschieden (»Furtwängler war im Umgang schüchtern, Karajan war unsicher!«), da wird der Klage des jungen Karajan, ›der Alte‹ lasse ihn nicht ›ran‹, mit dem Vorwurf begegnet, er selber sei ihm – im Gegensatz zu allen andern: Keilberth und Kempe, Münchinger und Krips – aus dem Weg gegangen (»Wieso eigentlich? Er saß doch damals in jedem seiner Berliner Konzerte – immer achte Reihe Mitte!«). Aber im gleichen Atemzug erzählt Elisabeth Furtwängler auch voller Bewunderung, wie beeindruckt sie von der Ersten Brahms gewesen sei, die Karajan mit den Wiener Philharmonikern in Luzern musiziert habe, und auch seine Anmerkungen zu Bach, die in seinen letzten Lebensjahren zu vernehmen gewesen seien, zeugten von tiefer Einsicht. »Nein, nein, an seiner Größe ist nicht zu rütteln.«

Wir bleiben noch eine Weile beim Thema: diesem leidigen Nummer-eins-sein-Müssen, das in keiner Kunstsparte zu solchen Auswüchsen führe wie in der Dirigierkunst. Kommt das von den Künstlern selbst, oder ist es vom Publikum hineingetragen?

Frau Furtwängler braucht nicht lange nachzudenken: »Mit Toscanini hat es angefangen. Da gab es doch dieses berühmte Gespräch mit Yehudi Menuhin. Menuhin konnte nennen, wen er wollte: Toscanini ließ keinen von ihnen gelten. Lauter Dirigentenleichen. Einzige Ausnahme: Furtwängler.«

Und umgekehrt?

»Keine Frage: Für Furtwängler war Toscanini der Größte. Allerdings nur im Opernfach, nicht im Symphonischen.«

Zum Thema ›Furtwängler und die Kollegen‹ möchte sich die Witwe eines Tages in aller Ruhe äußern – diesen ›Nachtrag‹ zu ihrem Buch habe sie fest vor, und man darf angesichts ihres Temperaments sicher sein, daß es dabei nicht tierisch ernst zugehen wird. War denn nicht schon der Vortrag, zu dem man sie nach Berlin geholt hatte (»Ich hatte gedacht, im Foyer, und dann war's in der großen Philharmonie!«), alles andere als eine Furtwängler-Beweihräucherung? Warum sollte man dem Publikum nicht auch einmal erzählen, was an dem großen Künstler problematisch oder schlicht und einfach ärgerlich war? Also zum Beispiel, daß er die leidige Angewohnheit hatte, niemals pünktlich zu den Mahlzeiten zu erscheinen? Oder diese Überempfindlichkeit gegenüber Kritik? Einmal, in einem ruhigen Moment, habe sie ihn nach dem Grund gefragt, und Furtwängler habe ihr geantwortet: »Für mich ist jede Aufführung, die ich leite, eine Liebeshandlung. Und dann eine negative Kritik? Es ist, wie wenn ich zu einer Frau ›Ich liebe dich‹ sage, und sie streckt mir daraufhin die Zunge heraus.«

Furtwängler auf Tournee mit den Wiener Philharmonikern. Riesenerfolg, lauter hymnische Kritiken, nur eine einzige negative. Die hymnischen nahm er nicht zur Kenntnis, die eine negative hatte er ständig bei sich. Ein Orchestermitglied gab ihm daraufhin den Rat: »Machen Sie's doch wie der X. Y. – der hatte lauter schlechte und nur eine gute, und nur die eine gute hat er herumgezeigt.«

Als Elisabeth Furtwängler ihr Buch in Berlin vorstellte, wurde sie vom RIAS eingeladen, für eine Sendereihe den kompletten Text auf Band zu sprechen. Obwohl keine geübte Rednerin, unterlief ihr nur ein einziger Versprecher. Die Rundfunktechniker standen kopf. Sie nicht: »Ich war eben voll konzentriert auf meinen Mann.«

Voll konzentriert auf ihren Mann – das ist sie noch immer, auch über dreißig Jahre nach seinem Tod. Wie sonst wäre es ihr gleichgültig, daß sie von den vielen Piratenplatten seiner Aufführungen keinen Groschen Tantiemen erhält? »Entscheidend ist, daß wichtige Teile seines Werks auf diese Weise präsent sind. Sein *Othello,* sein *Freischütz,* seine *Zauberflöte,* sein *Figaro* – sie alle wären sonst nicht da. Auch wenn ich nichts daran verdiene: Ich bin dankbar dafür, daß die Italiener diese exzellenten Platten in Umlauf bringen.«

Oder kann sich Elisabeth Furtwängler solche Großzügigkeit nur leisten, weil das übrige, das legitime Schallplattenrepertoire so viel abwirft?

»In der Regel ist es doch so, daß nach dem Ableben eines Künstlers die Nachfrage noch einige Zeit anhält, dann nachläßt und schließlich abbricht. Bei Furtwängler war es umgekehrt: Der große Boom setzte erst nach seinem Tod ein. Die Tantiemen sind angelegt, und davon lebe ich. Ich habe die Kinder davon studieren lassen können, ich habe meine Kunstsammlung damit aufgebaut.«

Dabei hat sie sich zur Regel gemacht, in Sachen Furtwängler-Propaganda niemals persönlich in Erscheinung zu treten. »Das hätte gar keinen Sinn, die Leute müssen von selbst kommen.« Und sie kommen. Die Zürcher Zentralbibliothek hat sich den gesamten Nachlaß gesichert, der EMI-Konzern versorgt (wenn auch unvollständig) den Markt mit Schallplatten, auch der *Komponist* Furtwängler (der ihm selbst weit mehr am Herzen lag als der *Dirigent* gleichen Namens) kommt zu Aufführungsehren, und seine Bücher, vor allem die ›Gespräche über Musik‹, halten sich zum Teil schon seit Jahrzehnten in der ›backlist‹ ihrer Verlage. Gar nicht zu reden von der Flut der Publikationen, die *über* ihn geschrieben worden sind. Ob allerdings schon die große, die gültige Furtwängler-Biographie darunter ist? Die

Witwe zeigt mir den Wandschrank mit der Spezialbibliothek – ein Student, Freund eines ihrer Enkelkinder, hat die Kollektion katalogisiert und etikettiert: lauter Bücher, in denen Furtwängler ›vorkommt‹. Daß dies bisweilen mit Pathos und Wortschwulst einhergeht, findet sie so töricht wie lächerlich, und sie erinnert sich, wie vehement auch Furtwängler selber (»Er war im Grunde ein Tragiker, aber doch auch voller Heiterkeit im Zusammenleben!«) sich über Auswüchse des Musikologendeutsch mokiert hat – er, der sich selber so klar und einfach ausgedrückt, der die ›Naivität der Weisheit‹ gepredigt hat. Gar nicht zu reden von seiner Verachtung für jene Anbeter, die ihn zu einem höheren Wesen glaubten stilisieren zu müssen. »Weißt du, was mich gestern so ein Mensch nach dem Konzert gefragt hat? ›Nicht wahr, Maestro, wenn ich Sie während des Dirigierens mit einer Nadel steche, würden Sie's gar nicht spüren?‹!«

Deutscher Monumentalismus.

Da ist Elisabeth Furtwängler der nüchterne Sinn der japanischen Furtwängler-Verehrer, von denen einzelne ihren Europa-Aufenthalt gern mit einem Höflichkeitsbesuch am Witwensitz in Clarens verbinden, entschieden sympathischer.

Nun fährt sie selber nach Japan – ins Zentrum der Furtwängler-Verehrung, dessen Boden der große Dirigent niemals betreten hat. Bestattet ist der Maestro in Heidelberg. Auch Mannheim (dessen Ehrenbürger er war) und Berlin hatten der Witwe Ehrengräber angeboten – damals, im November 1954. Doch sie zog Heidelberg vor: Dort war er Ehrendoktor der Universität gewesen, und dort liegt auch seine Mutter begraben.

Kein Furtwängler-Jubiläum ohne Gedenkfeiern. Aber so sehr es sie freut – das Arrangement überläßt sie den andern. Zappelige Geschäftigkeit – das wäre nicht ihr Stil.

Aus dem Musikzimmer im ersten Stock höre ich wieder Klavierspiel, Enkel Felix ist am Werk. Ob er sich wohl gelegentlich auch an den Kompositionen des Großvaters versucht? Furtwänglers Klavierkonzert hat manchen Interpreten von Rang gereizt: Edwin Fischer, Daniel Barenboim.

Elisabeth Furtwängler winkt ab. Und läßt keinen Zweifel daran, daß ihr nichts ferner läge, als dem Enkel zuzureden. Das müßte schon ganz von ihm selbst kommen.

Eine feine Republikmischung

Marietta Torberg

Andere Schriftsteller, wenn sie sterben, hinterlassen Manuskripte.

Friedrich Torberg hinterließ Bleistiftstummel (Manuskripte sowieso). ›Einserbleistifte‹ fürs Dichten, ›Zweier‹ für die niedrigeren Arbeiten. Das Zeug einfach wegzuwerfen, brachte er nicht übers Herz. Und gar die vielen Zettel und Papiere – da wurde alles aufbewahrt. Ein Pedant mit fetischistischen Neigungen – nicht nur im Umgang mit der Sprache. Bei Torberg Nachlaßverwalter zu sein, ist ein Fulltime-Job. Und nur was für Papiersüchtige.

Marietta Torberg ist daher in einer schwierigen Lage. Sie leidet an einer seltenen Form von Allergie: Zuviel Geschriebenes, und sie bekommt geschwollene Augen. Die Ärzte werden sich etwas einfallen lassen müssen.

Jetzt sind die Briefe an der Reihe, man hört von unübersehbaren Mengen; Hans Weigel hat nicht umsonst seinen Kollegen einmal einen ›Briefsteller‹ genannt. Und Torberg wäre nicht Torberg, fände sich nicht neben all dem Schwergewichtig-Hochbedeutsamen auch so manche Schnurre – etwa seine umfängliche Korrespondenz mit der Bleistiftfabrik Faber, die er mit beschwörenden Appellen davon abzuhalten versuchte, die Produktion der für ihn unentbehrlichen Bleistiftverlängerer einzustellen.

Wer sich – mit Witz noch dazu! – seinen eigenen Nachruf schreibt und das Nichtzustandekommen eines Sammelbandes ›Heiteres vom Totenbett‹ beklagt, wird sich natürlich auch bei der Niederschrift seines Testaments schwertun, den bei dieser Gelegenheit üblichen gravitätischen

Abschied von Israel: Friedrich und Marietta Torberg in Safed, 1968.

Ton durchzuhalten. Und in der Tat: Selbst in seinen letztwilligen Verfügungen, im Anschluß an die Feierlichkeiten zu seinem 70. Geburtstag zu Papier gebracht, blieb Friedrich Torberg sich treu und reicherte das überlieferte Erbschaftsvokabular mit Sarkasmen an. Einer davon war die Begründung seines Wunsches nach Abnahme einer Totenmaske: Man sehe in Bronze halt immer so schön bedeutend aus.

Übrigens wäre dieser Wunsch beinahe unerfüllt geblieben. Als man, nach Ablauf der Schicklichkeitsfrist, das Testament öffnete, war es für die erforderliche bildhauerische Prozedur um ein Vielfaches zu spät. Bis eines Tages die Witwe eine geheimnisvolle Kiste zugestellt erhielt. Ihr Inhalt: Friedrich Torbergs Totenmaske. Wieso und woher? Ein strebsamer, der Literatur zugeneigter Pathologe des Lainzer Krankenhauses, in dem Torberg gestorben war, hatte auf eigene Faust das Nötige unternommen ...

Es ist eine rührend kunstlose Arbeit – sie liegt auf einem der Bücherbretter in Marietta Torbergs Appartement im 3. Wiener Bezirk (dem gleichen Bezirk übrigens, in dem die Torbergs seinerzeit, nach ihrer Rückkehr aus der Emigration, vorübergehend zur Untermiete gewohnt hatten). Ich sehe mich in den lichten, hell möblierten Räumen mit dem freundlichen Parkausblick um: ein hochdramatischer Gironcoli an der Wand, ein früher Hutter, Kraftvolles von Mayrwöger und Filigranes von Flora, eine Wotruba-Skizze, ein vom Künstler signierter Aubusson-Wandteppich nach einem Cocteau-Motiv.

Die Torbergs waren seit Jahren geschieden: Dies hier war *ihr* Reich. Aber natürlich – so wie ja der Kontakt zwischen beiden nie unterbrochen war – auch dieses mit starken Torberg-Akzenten. Sein Porträt, eine neoimpressionistische Arbeit in Öl – dazu Photos aus Aussee und Jerusalem. Aussee, das ihm von Jugend an zweite Heimat gewesen, Jerusalem, wo er, hätte die Stadt Wien nicht ein Ehrengrab gestiftet, bestattet werden wollte. An einer der Wände eine Klöppelarbeit der in Israel lebenden Torberg-Schwester Ilse, im Vorzimmer photomechanische Anspielungen aufs kaiserliche Österreich: zweimal Franz Joseph I. – einmal bei einer Denkmalsenthüllung in Ischl, einmal bei der Abfahrt vom Bahnhof Aussee, der rote Teppich spannt sich quer übers Gleis. Wie hat Friedrich Torberg einmal gesagt?: »In den Zuckerlgeschäften, die fast allen Wiener Theatern gegenüber liegen, bekam man seinerzeit eine eigens für den Theaterbesuch zurechtgemachte Mischung von Bonbons. Sie bestand aus mindestens vier verschiedenen Sorten und hieß ›Feine Theatermischung‹. Die Familie meines Vaters stammt aus Böhmen, die Familie meiner Mutter aus Ungarn und mein Geburtszeugnis von der Israelitischen Kultusgemeinde in Wien. Ich bin eine feine Monarchiemischung.«

Torbergs Wohnsitze der letzten Jahre waren eine feine Republikmischung: das ›Wienerwaldhäuschen‹ in Breitenfurt und das Retiro im steirischen Salzkammergut, dazu (etwa vorm Antritt von Fernreisen) das hauptstädtische Gastquartier bei der Immernoch-Nichtmehr-Immerwieder-Gattin in Wien.

Denn ganz ohne Marietta ging es nicht – bis zuletzt. »Ich hab' ihm den Kleinkram abgenommen«, unterspielt sie ihre Rolle an des Dichters Seite. »Nur den Kleinkram. Seine Muse war ich nicht. Torberg hat nicht mit Muse gearbeitet.«

Das ist typisch für sie: der blitzschnelle, der stark unterkühlte Witz. Marietta Torberg, wiewohl ganz Dame von Welt, ist mehr vom burschikosen Schlag: eine Frau, die nicht drumherumredet, ein polemisches Temperament von Graden, zupackend und unsentimental. Rund um die Wohnzimmersitzecke keine versonnenen Ikebana-Arrangements, keine lieblichen Biedermeierbuketts, sondern das strenge Grün der Zimmerpalme. Dafür diese in allen Größen: von mannshoch bis fingerhutwinzig. Raffiniert, raffiniert.

Ihre Gabe, die Monomanie des von seinen Wertvorstellungen besessenen Künstlers mit Humor zu nehmen, verließ sie nie auch nicht an jenem schreckensreichen Wintertag etwa, da sie, für Torbergs Rückkunft von einer größeren Reise das Haus herrichtend, den von den ungeheuren Schneemassen zugedeckten Zufahrtsweg mit letzter Kraft freischaufelte und die ersten Worte des Heimkehrers nicht der tapferen Bezwingung des Weltuntergangswetters, sondern seinem Unmut über die Wäscherei galten, die schon wieder – wann werde man sich endlich an seine Weisungen halten? – die Taschentücher zu groß gefaltet habe ...

Friedrich Torberg unterhielt kein eigenes Sekretariat. Eine Zugeh-Schreibkraft – das war alles. Plus Marietta, die einsprang, wenn Not am Mann war. Die Feuerwehr vom Dienst. Etwa damals im Sommer 1971, als die Druckerei das Manuskript seines ›Süßkind von Trimberg‹ urgierte – Peter Härtling war eigens aus Frankfurt nach Breitenfurt gekommen, es einzutreiben. Hektik hoch drei: am einen Schreibtisch der Autor noch über den Korrekturen, am zweiten sie, die Reinschrift im Zweifingersystem heruntertippend, auf der Veranda der kapitelweise ›gefütterte‹ Verleger. Dazu belegte Brote, Zigaretten, ›Bottiche von Kaffee‹.

Ich bitte Marietta Torberg, in ihren Photoalben blättern zu dürfen. Alle Stationen ihres Lebens mit dem Dichter sind getreulich dokumentiert: von der letzten Israelreise bis zurück zu jenen New Yorker Jahren, wo sie sich als Zahnarztassistentin, als Pelzmantelmannequin und als Galeriemanagerin durchgebracht, wo sie (1945 und mit der greisen Alma Mahler-Werfel als Trauzeugin) geheiratet und wo sie schließlich ihre Karriere als Chefeinkäuferin eines großen Department Stores dem Entschluß geopfert hat, Torberg nach Wien zu folgen. Schon damals – er ein erklärter Nachtarbeiter, sie mehr Tagmensch – mußte man vieles von dem, was man einander zu sagen hatte, Zetteln anvertrauen, die dem Partner hinterlegt wurden. Später, als man sich zu getrenntem Leben entschloß, trat an die Stelle der Zettel das Telephon: Bis zuletzt blieb das tägliche 11-Uhr-Gespräch ein fester Bestandteil ihrer beider Existenz.

Das ist nun vorbei.

Vorbei und auch nicht vorbei.

Denn sooft bei Marietta das Telephon läutet: Man kann sicher sein, daß jedes zweite ein Torberg-Gespräch sein wird. Die Dissertantinnen, die sich zur nächsten Arbeitssitzung ansagen; die Proponenten der Torberg-Gesellschaft, die über den Statuten brüten; der Verlag, der sich nach dem jüngsten Stand der Nachlaßsichtung erkundigt; die Leute von der staatlichen Tabakmanufaktur, die um die Erlaubnis ansuchen, das Torberg-Feuilleton ›Auch Nichtraucher müssen sterben‹ für ihre Produktwerbung zu nutzen; der Altausseer Landgendarm, der sich für sein Dichtermuseum um die Kaffeetasse des Hochverehrten bemüht. Marietta Torberg ist für jedes Problem gerüstet – da kann anrufen, wer will. Und wäre es der Hofsekretär Eynhuf von Herzmanovsky-Orlandos Gnaden, Kishons Podmanitzki oder die Tante Jolesch.

Sprechzimmer, verfremdet

Ilse Benn

Am 13. Dezember 1946 berichtet Dr. med. Gottfried Benn, Bozener Straße 20, Berlin-Schöneberg, seinem ›Gentleman-Freund‹ und ›erlauchten Protektor‹, dem Bremer Großkaufmann Friedrich Wilhelm Oelze, mit dem er seit 1932 in stetem Briefwechsel steht, von einer aufwühlenden Begegnung, die seinem Leben eine entscheidende Wendung gegeben hat. Der zweifache Witwer, eben sechzig geworden, hat noch einmal geheiratet: »Ein Wesen von großem Reiz nach der menschlichen Seite hin.« Dr. Ilse Kaul, 27 Jahre jünger als er, »hat eine große eigene zahnärztliche Praxis hier ganz in meiner Nähe... jeder macht am Tage seine Praxis, und abends reden wir zusammen... Es ist diese neue Verbindung eine für mich sehr schöne, aber natürlich von vornherein auch eine sehr ernste und melancholische... am erstaunlichsten, daß ich sie völlig als ebenbürtig empfinde... Es ist von beiden Seiten eine ausgesprochene Liebesheirat.«

Was mag daraus werden? »Sie wird einiges lernen, einige innere und äußere Erfahrungen bei mir und durch mich sammeln, und dann wird sie weitergehn und meinen Namen noch eine Zeitlang tragen und die Erinnerung an mich bewahren, solange sie es kann und mag.«

Wie so vieles von Bedeutung beginnt auch dies ganz banal. Um die fällige Lebensmittelkarte zu erhalten, braucht Ilse Kaul eine Typhus-Impfbescheinigung – so verlangt es eine Verfügung der Militärregierung. Auf dem Weg zu ihrer eigenen Ordination kommt sie täglich an einem

Praxisschild vorbei, das sie in seiner lapidaren Strenge geheimnisvoll anzieht. Goldbuchstaben auf schwarzem Glas:

Arzt/Dr. med. G. Benn/11–12 und 5–6.

Wie wär's wenn sie hier wegen des leidigen Impfzertifikats vorspräche? Parterre rechts, die Sprechstundenhilfe führt sie ins Wartezimmer. Die Wände voller Bücher: Medizinisches, Geschichte, Philosophie, eine Menge Kant. Schließlich der Herr Kollege – ihr erster Eindruck: »Ich war betroffen von dem in Leid versteinerten Gesicht.«

Auf einem Drehhocker mit wackeliger Sitzfläche nimmt die Patientin Platz. »Es tut mir leid, aber ich muß Ihnen das Zeug einspritzen: Es ist Vorschrift, und wir haben ja auch wirklich einige böse Typhusfälle gehabt.«

Dann die Bescheinigung. Geburtsdatum, Geburtsort. »Fürstenfelde bei Küstrin? Da kennen Sie womöglich auch Sellin – dort bin ich aufgewachsen.«

Natürlich – die beiden Ortschaften sind nur wenige Kilometer voneinander entfernt. Man hat also die gleiche Heimat.

Weitere Gemeinsamkeiten: der Arztberuf und – die Literatur. Die Patientin trägt eine Lyrik-Anthologie bei sich, die sie gerade in einem Tauschladen ergattert hat – sie ahnt nicht, daß der Mann, dem sie da von Werfel- und Dehmel-Gedichten vorschwärmt, einmal selber ein berühmter Lyriker gewesen ist. Ob er es eines Tages wieder sein wird?

Jetzt ist er nur Arzt. Das Schreibverbot, das die NS-Behörden über den einstigen Hitlersympathisanten verhängt haben, gilt weiter – bloß mit umgekehrtem Vorzeichen. Egal, welche Besatzungszone, welcher Sektor Berlins: Sein Name steht auf sämtlichen schwarzen Listen, Gottfried Benn ist suspekt.

Zwei Tage darauf, bei einem Abendessen in seiner Wohnung – Kohlsuppe, Pflaumenkompott und Nescafé –, gibt er sich seiner Landsmännin und Kollegin zu erkennen: Aus einem Wandschrank holt Benn ein Bändchen ›Ausgewählte Gedichte‹ aus dem Jahr 1936 hervor und gibt es ihr mit.

Sechs Wochen später sind die beiden miteinander ver-

Ilse Benn beim Verlassen des Benn-Hauses in Berlin-Schöneberg, Bozener Straße 20.

heiratet. In der Arztetage Bozener Straße 20 praktizieren nun zwei: gemeinsames Wartezimmer, getrennte Sprechzimmer. Beide von neun bis halb eins und von drei bis sieben. Und dann, am Abend, das ›andere‹ Leben – beginnend mit dem Spaziergang durch die Kufsteiner Straße, am RIAS vorbei, zum Schöneberger Stadtpark. Die Freunde: Renée Sintenis, Heinz und Änne Ullstein, Leonarda Ringelnatz. Das allmähliche Wiederaufleben der seit Jahren stilliegenden literarischen Produktion, die ersten Verlegerbesuche, die Heimkehr der alten Freunde aus der Emigration: Ludwig Marcuse, Thea Sternheim, Gertrud Hindemith, George Grosz. An den praxisfreien Mittwochnachmittagen der Schriftstellernachwuchs: Holthusen, Hagelstange, Höllerer, Bender, Boehlich – am liebsten in der Bierkneipe: Dort kann Benn selber den Zeitpunkt des Aufbruchs bestimmen. Denn noch ist die Post zu erledigen, und ihrer wird von Tag zu Tag mehr. In einer stillen Ecke des Lokals sichtet er den Briefeingang und scheidet den Weizen von der Spreu: was zu beantworten ist und was nicht. Mit dem nunmehr einsetzenden Ruhm nimmt die Zahl der Einsender zu, die sich von Gottfried Benn Begutachtung und Förderung ihrer eigenen Schreibversuche erhoffen. Viele muß er enttäuschen: die einen, weil er ihnen seine schonungslose Kritik an den Manuskriptrand schreibt, die anderen, weil er auf ihre Elaborate nicht eingeht. »Einer der Gründe, warum ich dich geheiratet habe, war, daß du mir die Leute vom Leib hältst«, sagt er zu seiner Frau, die nun, wie er später in seinem autobiographischen Werk ›Doppelleben‹ rühmen wird, »mit zarter und kluger Hand die Stunden und die Schritte und in den Vasen die Astern ordnet«.

Von Gottfried Benns drei Ehen wird diese nicht nur die dauerhafteste, sondern auch die engste und die seiner literarischen Arbeit zuträglichste. Die Schauspielerin Eva Brandt, die er 1914 heiratet und die ihm Tochter Nele schenkt, stirbt nach acht Jahren an den Folgen einer Gallenblasenoperation; Herta von Wedemeyer, die 1938 in sein Leben tritt, begeht, durch die Kriegswirrnisse von ihrem Mann getrennt, im Sommer 1945 Selbstmord.

Ilse Kaul weicht bis an sein Lebensende nicht von seiner Seite: Die Schwestern des Krankenhauses, in dem er – Sommer 1956 – seine letzten Stunden zubringt (es ist auch das Todesjahr von Brecht und Carossa), haben ihr einen Liegestuhl neben das Sterbebett gestellt, über ihrem grauen Kostüm trägt sie seinen Bademantel, das blaue Nachtlicht ist auf ganz schwach geschaltet. Gottfried Benn, bis zuletzt bei vollem Bewußtsein, ringt sich von Zeit zu Zeit einen Satz ab – irgendwann auch den für ihr künftiges Selbstgefühl entscheidenden: »Du wirst bestimmt alles richtig machen …« Dann, beim ersten Morgengrauen, die Worte: »Bitte, mach das Fenster auf …« Und schließlich sein allerletzter Wunsch: »Eine Nonne – ich möchte eine Nonne sehen …« Er meint damit jenes andere, ihm vertraute Krankenhaus, in das er hofft, zurückverlegt zu werden. Aber dafür ist es zu spät: Noch vor der Morgenvisite tritt der Tod ein.

Benns Sterbezimmer füllt sich mit Ärzten, ›Zelebritäts-Odalisken‹ hat er sich selbst einmal mokiert: Jeder will dabeigewesen sein. Will berichten können, wie das Gesicht des großen Toten von einem Augenblick zum andern bis zur Unkenntlichkeit verfällt und wie es sich Stunden später aufs wundersamste wieder erholt, so daß dem damit betrauten Künstler schließlich doch noch eine seiner schönsten Totenmasken gelingt.

Als Ilse Benn gegen Mittag, vom Beerdigungsinstitut zurückkehrend, wieder in der Bozener Straße eintrifft, drängen sich dort schon die Kondolenten, häufen sich die Blumengrüße, läutet das Telephon Sturm: Das Radio hat bereits die Todesnachricht gesendet.

Der Dahlemer Waldfriedhof, wo Gottfried Benn nach christlichem Ritus bestattet wird (manche Puristen hätten es lieber gesehen, wenn der Leichnam verbrannt und die Asche ›stilgerecht‹ in alte Nescafé-Dosen gefüllt worden wäre), ist das Letzte, was die Witwe nun noch in Berlin hält. Jeden Tag fährt sie ans Grab: die eine Strecke mit dem Taxi, die andere mit dem Bus. Es macht ihr nichts aus, wenn sie der Schmerz übermannt, wenn sie vor den anderen Fahrgästen unvermittelt in Tränen ausbricht. Aber der Zustand der Depression hält an: Auch die Freunde liegen in Dahlem begraben – Renée Sintenis, Karl Hofer, die Ullsteins. Der Waldfriedhof wird für sie zum Symbol alles dessen, was sie geliebt, alles dessen, was sie verloren hat.

Noch drei Jahre, und Ilse Benn weiß: Wenn sie nicht vollends schwermütig werden will, muß sie hier weg. Weg von Berlin. München würde ihr gefallen. Aber München geht über von Zahnärzten. Und vom Land rät man ihr ab: Würde man sich denn im streng katholischen Bayern von einer Protestantin behandeln lassen? Also entscheidet sie sich für Württemberg. Etwas möglichst Entlegenes soll es sein. Bernhausen heißt die erste Station, später folgt Wolfschlugen. Und hier, jenseits der Stuttgarter Telephongrenze, kauft sie sich an. Sie nennt es ›Auswanderung‹, manchmal auch ›Witwenverbrennung‹. In schöner Naivität hofft sie, unerkannt zu bleiben. In Ruhe ihre Zahnarztpraxis betreiben und in der verbleibenden Zeit das ihr übertragene Dichtererbe verwalten zu können. Doch der Benn-Kult hat solche Ausmaße erreicht, daß man sie natürlich auch hier ausfindig macht. Der Kultusminister schickt der Neubürgerin mit dem klangvollen Namen Blumen, Thaddäus Troll bietet seine Dienste an, neben weniger willkommenen Besuchern finden sich so unvergeßliche wie der japanische Benn-Übersetzer Hiroji Hoshino ein, der, dem Toten zu Ehren, trotz Hochsommerhitze in Trauerschwarz gewandet ist und der Witwe ein Bukett überreicht, in dem keine von Benns Lieblingsblumen fehlt: Schleierkraut und Flieder, Rose und Levkoje, Aster, Anemone und Reseda.

Auf die Germanisten folgen die Mediziner: Auch sie drängt es, dem Dichter-Arzt, mit dem sie den einen seiner beiden Berufe teilen, zu huldigen. Als ich mich mit Ilse Benn treffe, kommt sie gerade von einer Ärztetagung in Berlin zurück, mit der eine ausgezeichnete Benn-Gedächtnisausstellung einhergegangen ist: Rezeptformulare neben Gedichthandschriften, das Praxisschild neben der Büchnerpreis-Urkunde, medizinische Schriften neben literarischen.

Hier, im Grenzgebiet von Kunst und Wissenschaft, fühlt sich auch Ilse Benn am wohlsten: Keinem der gestrengen literarischen Magazine vertraut sie ihre Studie ›Mein Mann Gottfried Benn‹ an, sondern der Hauszeitschrift eines Arzneimittelkonzerns (die daraufhin prompt von Interessenten gestürmt wird und nachdrucken muß). Dabei spürt man durchaus die talentierte Feder des verhinderten Profis: Ilse Kaul hatte als junges Mädchen, bevor sie sich dem Medizinstudium zuwandte, eine Zeitlang den festen Wunsch, Schriftstellerin zu werden. Die Redakteure der ›Grünen Mark‹ wüßten ein Lied davon zu singen: Sie wurden – unter Pseudonym, versteht sich – mit Manuskripten der Debütantin bombardiert, und eines davon, ›Die Ruderfahrt‹, haben sie sogar irgendwann abgedruckt.

Als Ilse Benn 1959, drei Jahre nach dem Tod des Dichters, den Sprung von Berlin nach Württemberg wagt und dafür sogar all die Strapazen eines DDR-Transits (zum Beispiel: siebenfach ausgefertigte Listen sämtlicher Bücher), in Kauf nimmt, hat sie vor, sich zumindest für die Dauer eines Jahres ausschließlich der anstehenden literarischen Arbeit zu widmen. Auch zwei, drei Jahre hielte sie es finanziell durch. Dann aber will sie wieder in den angestammten Beruf zurückkehren. Doch sie wird viel früher rückfällig: Schon nach wenigen Monaten fehlt ihr das Klingeln der Patienten an der Tür, sie nimmt die Arbeit am Behandlungsstuhl wieder auf, die Pflege des Benn-Erbes wird in die praxisfreien Stunden verlegt. Fällt es ihr nicht sogar heute, wo sie sich mittlerweile für den Ruhestand entschieden hat, schwer, sich vom vertrauten Inventar des Sprechzimmers zu trennen – und das um so mehr, als sich diesem Inventar im Lauf der Jahre auch so manches Erinnerungsstück aus der Praxis ihres Mannes eingefügt hat: Bestrahlungslampe, Sessel, Instrumentenschrank? Auch die Literatur hat sich, wo das Auge hinblickt, eingenistet: in einem der Schränke Benn-Briefe, auf dem Behandlungsstuhl die von den Ausschnittbüros gelieferten Rezensionen der letzten Zeit, eine Zahnsonde als Briefbeschwerer einer unerledigten Verlagskorrespondenz. Sprechzimmer, verfremdet.

Eine Etage höher, in der Dachmansarde, verdichtet sich's: Benn pur. In der alten Kredenz aus Berliner Zeiten, säuberlich katalogisiert, der Großteil der Briefe, daneben das einfache Stahlrohrbett, an dem der Dichter bis zuletzt festhielt. Wir kommen auf dies und das zu sprechen: auf das wiederholt lautgewordene Rauschgiftgeraune (Ilse Benn: »Kein Wort wahr. Schlafmittel und Pyramidon – sonst nichts!«), auf den Benn-Biographen Walter Lennig, der die Unnahbarkeit seines Studienobjekts überwand, indem er sich – als Patient – in Ilse Benns Praxis einschlich und sich ihrer Komplizenschaft versicherte; auf die Auswüchse des Benn-Kults (sechsundzwanzigjähriger Medizinstudent nimmt sich zwei Tage nach dem Tod des Dichters das Leben); und auf jene Nachbarortschaft Benningen, die der Witwe einen Moment lang als verlockender Alterssitz erscheint, bis sie sich zu guter Letzt, Benns heftige Abneigung gegen alles Anekdotische bedenkend, doch für das indifferentere Wolfschlugen entscheidet. Indifferent? Die Schwaben haben ein erklärtes Nahverhältnis zur Literatur: keine Ortschaft ohne Hölderlin-, ohne Mörikestraße. Ilse Benns Haus steht in der Hauffstraße. Bei guter Führung wird sie also wohl damit rechnen dürfen, daß es hier eines Tages auch eine Bennstraße geben wird.

Thilo Koch, lange vor mir bei der Dichterwitwe von Wolfschlugen zu Gast, rühmt (und dem ist nichts hinzuzufügen) deren »herzliche, patente, behutsam zupackende Art«: aussterbendes Erbe des Fontane-Bodens, dem sie entwachsen ist. Die Strahlkraft, die von Benns Werk ausgeht, mag ein übriges getan haben. Und so hat denn sein Lästerwort von den »armen leerstehenden Frauen allen«, die nichts mit sich anzufangen wüßten, wenigstens in diesem Fall keine Gültigkeit.

Illusionen

Kitty Rösler

Kitty Rösler hat Angst. »Sie mit Ihren hochgebildeten Büchern!«

Ich merke ihr bei unserem letzten Telephonat vor dem Treffen deutlich an, daß sie am liebsten kneifen würde. Aber geht das jetzt noch? Ihr schwindelt vor der Konkurrenz der ›richtigen‹ Dichterwitwen, auch behauptet sie Ironie aus meiner Schreibweise herausgelesen zu haben. Ich muß sie beruhigen – wie der Vater sein Kind. Zum hunderttausendsten Mal leiere ich mein Sprüchlein herunter: daß ich nicht zu jenen zähle, für die die Literatur bei ›Zettels Traum‹ anfängt, daß ich vielmehr, wo ich kann, für die Gleichberechtigung von U und E eintrete, daß ich Jo-Hanns-Rösler-Bücher in Eisenbahncoupés nicht mit Handke-Umschlägen tarne – fast ärgere ich mich darüber, daß auch sie diesem typisch deutschen Dünkel erliegt, der den Humoristen (und gar den Kurzgeschichtenschreiber) in die Rumpelkammer verweist: Er mag ja Erfolg haben mit seinem Zeug, aber mit Literatur hat das nichts zu tun – Finger weg davon, i pfui! Auch wenn Europas letzte Throne gestürzt sein werden, die klassenlose Gesellschaft verwirklicht und der Mars besiedelt: An den literarischen Hierarchien darf nicht gerüttelt werden. Je elitärer, desto besser. Nein, der Feuilletonist darf nicht auf Gnade hoffen: Er bleibt der Außenseiter, der Paria.

Ich muß also Kitty Rösler erst einmal davon überzeugen, daß ihr bei der Konfrontation mit mir nicht das Jüngste Gericht droht. Sie ist für mich eine Schriftstellerwitwe wie jede andere, ihr Mann hat Geschichten und Bücher geschrieben wie jeder andere, und daß er damit mehr Erfolg gehabt hat als mancher andere, kann nicht schon ein Schlechtpunkt sein.

Bei Rosenheim verlasse ich die Autobahn, die Chaussee nach Hundham führt durch flaches Voralpenland, schließlich steigt sie an, der letzte Kilometer, dem holzgeschnitzten Wegweiser ›Rösler-Haus‹ folgend, ist Privatstraße. Das prächtige alte Bauernhaus steht auf einem achthundert Meter hohen Kogel an dessen äußerstem Ende: eine Traumaussicht, die einem sensiblen Gemüt eigentlich nur dadurch vermiest werden kann, daß nicht ein Ankömmling es unterläßt, sie eine Traumaussicht zu nennen.

Ich läute die Hausglocke, Kitty Rösler macht selber auf.

»Was für eine Traumaussicht!« sage ich. Die Hausfrau soll nicht durch abweichendes Besucherverhalten weiter verunsichert werden.

Jo Hanns Rösler, dessen Domizil dies über dreißig Jahre gewesen ist: bis zu seinem Tod im September 1966, hat an alles gedacht. Auch an die Geschichte, die ich fünfzehn Jahre später über seine Frau schreiben würde. Er hat mir den Großteil der Arbeit abgenommen: ›Meine Frau und ich‹ heißt eines seiner erfolgreichsten Bücher, ›Liebesbrief an die eigene Frau‹ ein weiteres. Ich brauche also, was er da im Laufe vieler Jahre an Information aus erster Hand angehäuft hat, lediglich auf den neuesten Stand zu bringen: wie's weiterging.

»Das Haus ist bestellt, die Kinder sind verheiratet, die Enkel pflücken das Obst von den Bäumen, die ich gepflanzt habe. Kitty und ich sitzen auf unserer Bank vorm Haus, Hand in Hand, schauen zusammen ins Tal hinunter, wo die Züge laufen und die Schornsteine über den roten Dächern rauchen, und lächeln leise über unser Leben, wo wir alles so entsetzlich wichtig nahmen. Dreimal lief ich Kitty davon, dreimal hat sie mich laufen lassen und ist nicht weggegangen von ihrem Platz, wohin ich sie einmal gestellt hatte, als ich sie bat, meine Frau zu werden. Immer

Jo Hanns Rösler mit seiner Frau Kitty.

kam ich zu ihr zurück, flügellahm oder wie ein Fisch, der sich von einer Angel losgerissen, nie kam ein Wort des Vorwurfs über ihre Lippen. Ich beklagte mich über die Schlechtigkeit der Welt und weinte mich an ihrem Herzen aus. So dachte sie wohl an ihr Leben mit mir zurück, wenn wir jetzt auf der Bank saßen, und ich lächele, denke ich daran, wie ich Kitty kennengelernt habe, als Romeo in meiner Loge saß und sie vor mir die Julia spielte, wie wir nachts über die nahe Grenze flohen, das erstemal heirateten und immer wieder heirateten. Ich denke liebevoll an ihre kleinen Schwächen, die ungezählten Kleider, die ich ihr schenkte, und wie sie es verstand, mir immer wieder ein neues herauszulocken, wie bezaubernd unpünktlich sie sein konnte, wenn wir verabredet waren, wie viele Stunden ich vor ihrem Friseur wartete; ich denke an ihre Kochkünste in unseren ersten Ehejahren, ihre entwaffnenden Ausreden und ihre so weibliche Unlogik, mit der sie stets recht behielt, ihre große Liebe zu ihren Kindern und zu mir, ihrem Mann.«

So steht es in Jo Hanns Röslers Geschichtenband ›Meine Frau und ich‹ – gegen das Ende zu, dort wo's schon ein bißchen elegisch wird. Weiter vorn, wo noch der pure Übermut regiert, bespricht er mit seiner Kitty unter anderem auch das Denkmalsproblem:

»Du bist immer zu bescheiden. Was wird um den alten Schiller für eine Publicity gemacht! Da gibt es Schillerlocken, Schillerkragen, Schiller-Lichtspiele, Schillerstraßen, Schillers Ruh und Schillers Freud – und wo bleibst du?«

Der Autor versucht es seiner Frau auszureden: ein Rösler-Denkmal – nein, also *das* wirklich nicht.

Sie aber läßt nicht locker. Wieso bloß?

Rösler wäre nicht Rösler, fiele ihm nicht auch zu diesem Thema eine Schnurre, ein Witz, eine kleine Bosheit ein:

»Ich ahnte, warum meine Frau von einem Denkmal träumte. Ein Bildhauer hatte ihr eingeredet, sie habe einen klassischen Kopf. Den erhoffte sie auf meinem Denkmal wiederzufinden. Ich mußte es ihr also geschickt ausreden.«

Künstler würden auf ihren Denkmälern nie mit ihrer Frau abgebildet, höchstens mit ihrer Muse.

Aber das *sei* sie doch – seine Muse! setzte Kitty den verzweifelten Kampf um ihr Projekt fort.

Schließlich einigte man sich darauf, daß, sollte es jemals ein Rösler-Denkmal geben, die Witwe im schwarzen Kleid auf der Marmorbank davor Platz nehmen und die Parade der Passanten abnehmen würde:

»Die Leute würden vorbeikommen und sagen: Seht, das ist die Witwe Kitty, wie reizend sie heute wieder aussieht! Wäre das nicht ganz allerliebst, Johannes?«

Es ist eine der ganz seltenen Geschichten, wo man Kitty Rösler vor der Fantasie ihres Mannes in Schutz nehmen muß: Nichts läge dieser Frau, die vor einem Dreivierteljahrhundert als Katharina Breit in Wien zur Welt kam, die sich – erste Ehekrise der Siebzehnjährigen! – vom Trostwort einer Dresdener Barfrau für die Härten des Lebens wappnen ließ, die sich auch als alte Dame im Dirndl schmuck ausnimmt wie die Töchter und die Enkeltöchter, die in der sorgsamen Pflege der das Rösler-Haus füllenden Antiquitäten eine ebenso glückliche Hand hat wie im Apfelstrudelbacken, nichts läge ihr ferner, als sich selber allzu sehr ins Spiel zu bringen. Und die Sache mit dem Denkmal: Tut sie nicht im Gegenteil alles, über seinen Tod den Schleier des Vergessens zu breiten? Hat es sie nicht viel zu sehr getroffen, als daß es sie danach verlangte, daran erinnert zu werden? Eskapismus heißt das in der Sprache der Psychologen. Bloß keine Nachrufe lesen – so fing es an. Und ansonsten weitermachen, als wenn nichts gewesen wäre: weiter im Vierzehntagerhythmus an die Zeitungsredaktionen Geschichten versenden, weiter Geschichten zu Büchern bündeln, weiter das Markenzeichen ›Jo Hanns Rösler‹ frischhalten – und sei es nur, daß sie auch in alle neuen Buchverträge beharrlich jene Klausel hinüberrettet, die den Verleger beim Erscheinen jeder frischen Auflage zu einer zweifachen Sonderleistung verpflichtet: ein Blumenstrauß und ein exquisites Souper …

Kitty Rösler weiß nicht nur, was sie will; sie weiß vor allem auch, was sie nicht will: eine ›Kulturwitwe‹ sein. Kein ärgeres Schreckenswort könnte sie sich denken. Statt dessen erlebt sie voller Dankbarkeit das Wunder, daß der Name ihres Mannes auch über seinen Tod hinaus kaum an Zugkraft eingebüßt hat, daß die Zeitungen weiterhin seine Geschichten drucken, die Verleger weiterhin seine Bücher herausbringen, die Leser weiterhin daran ihre Freude haben. Kann man sich mehr wünschen?

Kitty Rösler arbeitet ohne Netz: Wenn es morgen damit vorbei ist, ist es vorbei. Sie wird keine Rösler-Renaissance erzwingen, sie wird keine spektakulären Manuskriptfunde machen, sie wird nur tun, was sie immer getan hat: ihren gesunden Hausverstand darüber entscheiden lassen, welche Geschichten die Zeiten überdauert haben, diese von den anderen sondern und sie dann in Umlauf bringen. Da und dort wird sie eine notwendige Korrektur vornehmen: wo eine Preisangabe auf den neuesten Stand zu bringen, wo ein Ehestreit mit emanzipierterem Wortschatz zu führen, wo in punkto Personal den veränderten gesellschaftlichen Verhältnissen Rechnung zu tragen ist. Sie wird die Manuskripte hoffnungsvoll zur Post bringen, gelassen mit zehn Prozent Annahme und neunzig Prozent Ablehnung rechnen und am Monatsende, wenn von überallher die Abrechnungen eintrudeln, in stiller Dankbarkeit jenes Mannes gedenken, dessen ›Fabrik‹ (wie seine Neider gern herablassend geurteilt haben) so produktiv war, daß seine Familie noch immer davon zehren kann.

Dem Werk jedes Schriftstellers ist eine ganz bestimmte Spanne Zeit zugemessen: Es gibt die Eintagsfliege, und es gibt den Ewigkeitswert. Jo Hanns Rösler paßt in keine der beiden Kategorien. Er hat Eintagsfliegen in die Welt gesetzt, die nun schon ewig durch die Feuilletons schwirren. Kitty Rösler vermeidet alles, was ihr weiteres Schwirren behindern könnte: Sie macht also zum Beispiel kein Aufhebens davon, daß ihr Schöpfer nicht mehr unter den Lebenden ist. Es ist eine klare Rechnung: Einer heiteren Geschichte bekommt nichts so schlecht wie der Gedanke an den Tod. Die Manuskripte eines Possenreißers vertragen keinen Trauerrand, die Autorenzeile über einer Humoreske kein Kreuz. Aus den Klappentexten der Rösler-Bücher erfährt man, wann und wo ihr Verfasser geboren, welchen Berufen er im Laufe seines Lebens nachgegangen, wie oft er verheiratet gewesen, wie oft er Vater geworden, wie viele Bäume er in seinem Garten gepflanzt hat, aber nicht, wann er gestorben ist. Nicht etwa, daß die Tatsache *geleugnet* würde: Sie wird nur nicht *erwähnt.* Mystifikation ist nicht das richtige Wort. Eher Illusion. Und Illusionen sind bekanntlich etwas, was in der Unterhaltungsbranche zählt.

Seine Witwe, die man daher fast zögert eine Witwe zu nennen, gibt mit heiterer Gelassenheit Auskunft: wie sie als kaum Sechzehnjährige in Salzburg – damals als erste Naive am dortigen Landestheater engagiert und beim Onkel, dem Herrn Stiftsbibliothekar, einquartiert – dem Mann ihres Lebens begegnet sei, wie sie ihre kärgliche Anfängergage mit Adressenschreiben aufgebessert, wie man geheiratet, wie eines Tages die Schriftstellerkarriere des wohlhabenden Kaufmannssohnes aus Sachsen (der nur bei Wutausbrüchen ins Sächseln verfallen sei) eingesetzt, wie man sich angewöhnt habe, nach dem Frühstück die Pointe des Tages zu besprechen, und wie aus alledem schließlich ein halbes Jahrhundert Ehealltag geworden sei: »Alltäglich in den Möbeln, zwischen denen wir auf und ab gehen, alltäglich in den Sätzen, die wir zueinander sagen, alltäglich in den Gardinen, die vor den Fenstern hängen, alltäglich in dem Geld, das ich verdiene und von dem meine Frau ihren Zehnten fordert.«

Zu wörtlich muß man das alles freilich nicht nehmen: Gar so alltäglich ging's bei den Röslers wieder nicht zu. Genußvoll erinnert sich die Witwe, wie ihr Mann, wahrhaftig dreimal von ihr geschieden, dreimal zu ihr zurückgekehrt sei, wie man stets über seine Verhältnisse gelebt, ja, oft monatelang ohne Bargeld in den feinsten Luxushotels residiert und die Rechnung mit Schleichwerbung beglichen habe: mit schmeichelhafter Erwähnung des betreffenden Hauses in der nächsten Kurzgeschichte: Das ›Imperial‹ in Wien, das ›Regina‹ in München, das ›Ritz‹ in Barcelona – keines von ihnen hatte es zu bereuen. Am wenigsten das Imperial, dem er exklusiv seinen ›Liebesbrief an Wien‹ schrieb – gleich nach dem Krieg, als das Hotelleben erst langsam wieder in Gang kam. Immerhin, die geheizten Fußböden gehörten auch damals schon zum selbstverständlichen Standard. So wie es zum Rösler-Stil gehörte, mit den eigenen Teppichen zu reisen, den eigenen Bildern, dem eigenen Silber und – natürlich – den eigenen Katzen.

Ja, Jo Hanns Rösler war immer ebensosehr ein Lebenskünstler wie ein Schreibkünstler: In der hohen Schule des bargeldlosen Gegengeschäfts gilt er bis heute als unerreicht. Zu den Zeiten etwa, da der ›Admiral‹ die von ihm bevorzugte Automarke war, rasten ganze Kolonnen dieses Wagentyps durch seine Texte; als er eine bestimmte Rummarke unter die Requisiten seiner Kurzgeschichten aufnahm, ertrank das Röslerhaus fortan in Hochprozentigem; bei der Nennung von Hutmacherinnen richtete er sich willig nach den Vorlieben seiner Frau, die es übrigens noch heute nicht verwinden kann, daß jene schofle Speiseeisfirma, die sich für ihre literarische Verewigung mit der Überlassung einer Tiefkühltruhe erkenntlich gezeigt hatte, nach dem Rösler-Begräbnis auf dem Feilnbacher Friedhof nichts Eiligeres zu tun hatte, als das Deputat zurückzufordern.

Ja, die Zeiten haben sich geändert. Public Relations, von Jo Hanns Rösler noch mit so genialem Improvisationstalent gehandhabt, sind längst zum eigenen Wirtschaftszweig entartet und werden an Fachhochschulen gelehrt. Auch mit der neueren Sozialgesetzgebung käme ein Mann wie er nur schwer zurecht: Rösler war an Sekretärinnen gewöhnt, die keine Vierzigstundenwoche im Munde führten, keine Gleitzeit und kein verlängertes Wochenende. Hätte er sich denn selber je geschont? Noch auf dem Tegernseer

Sterbebett schloß er letzte Buchverträge ab, den Operationsärzten schrieb er Autogramme in ihre Exemplare.

Selbst droben auf dem Hochkogl mit dem Wendelsteinblick, wo er sich und den Seinen ihr Retiro geschaffen hat, bliebe er nicht vor Überraschungen gefeit. Er brauchte nur beim Bauern nebenan anzuklopfen und fürs Sonntagsmahl um ein frisches Huhn zu bitten.

»Aber gern, Rösler«, würde der antworten, »die Frau fahrt heut' eh noch hinunter ins Tal, da kann's dir eins mitbringen.«

Tiefgekühlt.

Aus dem Supermarkt.

Und doch: Ganz zu verzweifeln brauchte er nicht am Lauf der Welt. Zumindest in *einem* Punkt fände er sie nach wie vor voll intakt: Kitty wäre immer noch die alte – Kitty, seine Frau. Kein Zweifel: Er würde sie vom Fleck weg wieder heiraten. Es wäre dann zum fünftenmal.

Abgemeldet

Sigyn Hartung

Momentan liest sie Joseph Weizenbaums ›Die Macht der Computer und die Ohnmacht der Vernunft‹ sowie Diverses mit sozialkritischem Einschlag – auf jeden Fall ist ihr Interesse dem Sachbuch zugewandt. Ihre Nachmittage verbringt sie in keinen tortenverschlingenden Damenkränzchen, sondern im Russisch-Kurs. Und auch Friedhöfe sind kein Revier für sie: »Die unsozialste Einrichtung der Welt. Soviel Platz für die Toten! Und die Lebenden wissen nicht, wohin. Wie ich diese riesigen Totenstädte in Ägypten gesehen habe, hat mich die Wut gepackt.« Sie selbst will, wenn es einmal soweit ist, verbrannt und verstreut werden – sie muß sich bloß noch nach den Bedingungen umhören.

Sigyn Hartung (des wohlerworbenen Doktortitels bedient sie sich nur als Schutzschild im Umgang mit Behörden) ist eine Frau von betont nüchterner Weltsicht, und das mag in Verbindung mit einem Schriftsteller, der in manchen seiner Bücher dem Sentiment zuneigt, nicht die schlechteste Ausrüstung sein. »Ich fahr', und du träumst!« lautete die Formel für ihre Arbeitsteilung, und damit war sicherlich nicht nur das Verhalten im Straßenverkehr gemeint, sondern einmal mehr jene klassische Konstellation vom in höheren Sphären schwebenden Poeten, der nichts so sehr braucht wie eine Frau, die auch weiß, wie man einen Nagel einschlägt.

Sigyn Hartung, Jahrgang 1906, seit 1972 Witwe von Hugo Hartung (und Urbild sowohl der Kirsten wie der Vera in dem Roman ›Wir Wunderkinder‹), weiß es. Und sie weiß noch einiges mehr – das Leben hat es sie gelehrt. Ein Leben, dessen erste Hälfte Flucht war – nichts als immer wieder Flucht: Sigyn Hartung ist Baltin, ein Elternteil stammt aus Dänemark.

Daher auch ihr Sprachkapital: Russisch und Dänisch bekommt sie von daheim mit, nur das Englische und das Französische muß sie sich im Studium dazuerwerben. Als die Familie in den letzten Kriegsjahren auseinandergerissen ist, bringt sie ihre Kinder und sich mit Sprachunterricht durch: aus der Festung Breslau nach Thüringen türmend.

1944. Das Theater, dessen Dramaturgie Dr. Hugo Hartung leitet, wird aufgelöst, alle Männer der Stadt werden aufgeboten, das belagerte Breslau zu verteidigen – unter ihnen der unausgebildete Soldat Hugo Hartung. Das reinste Kanonenfutter. Aber er hat Glück und wird einer Luftwaffeneinheit zugeteilt.

Als der Spuk vorüber ist, wird dies das Thema seines ersten Romans sein: ›Der Himmel war unten‹. Die Hölle Breslau bis zur Stunde der Kapitulation.

Aber noch ist es nicht soweit. Den großen Romanen gehen Erzählungen voraus, den Erzählungen Zeitungsartikel – der übliche lokale Provinzkram. Und das überhaupt erste, was der Kriegsheimkehrer Hugo Hartung zum Lebensunterhalt der wiedervereinigten Familie beiträgt, spielt sich nicht am Schreibtisch ab, sondern – im Wald: Er geht Pilze sammeln und schleppt Brennholz herbei. Aus Südamerika, wo Verwandte mit Geschenkpaketen einspringen, empfängt er seinen ersten Nachkriegswintermantel – aus versandtechnischen Gründen in zwei Hälften. Zuerst die eine, paar Wochen später die andere, von einem freundlichen Flickschneider wieder zu einem Ganzen zusammengefügt.

Langsam, ganz langsam geht's aufwärts. Auch die Annäherung an Berlin gelingt nur schrittweise: über die Zwischenstation Potsdam. Potsdam gehört zur sowjetischen Besatzungszone – wenn einer von hier aus für ein Westber-

Der siebzehnjährige Gymnasiast vor Antritt seiner Ungarnreise.

liner Blatt schreiben will, kann er es nur heimlich tun. Hugo Hartung wählt für seine Mitarbeit an der von den Amerikanern herausgegebenen ›Neuen Zeitung‹ das Pseudonym Andreas Grüner. Auch die Viereinhalb-Seiten-Plauderei, in der er eine über zwanzig Jahre zurückliegende Jugendromanze als Austauschstudent in Südungarn rekapituliert, erscheint unter diesem Signum. Ihr Titel: ›Ich denke oft an Piroschka‹.

Der Rest ist bekannt: Das Geschichtchen schlägt unverschämt toll ein, wird wieder und wieder nachgedruckt. Das Hörspiel, das Kurt Wilhelm beim Sender München mit Joana Maria Gorvin und Axel von Ambesser produziert – Spieldauer 30 Minuten, Autorenhonorar 400 Mark – geht an die fünfzigmal über die deutschsprachigen Radiostationen. Später folgen der (in drei Wochen niedergeschriebene) Roman, der Film, das Fernsehspiel, die Komödienfassung. Gleichzeitig macht sich die Pußta-Göre selbständig und steigt – dies alles nun freilich nicht mehr unter der Kontrolle ihres Schöpfers – auch in Tourismus und Rennsport ein, in Gastronomie und Markenartikelindustrie. Das Mädel läuft und läuft – nur logisch, daß die Hartungs, deren Haushalt sich inzwischen um einen Hund vermehrt hat, das gute Tier auf den Namen ›Piroschka‹ taufen.

Heute, da Herr und Hund längst unter der Erde sind, ist auch in diesem Punkt Nüchternheit eingekehrt. Nüchternheit, nicht Ernüchterung: Der Roman geht noch immer. Vor allem die Taschenbuchausgabe.

Frau Hartung zeigt mir die laufenden Ullstein-Abrechnungen: zwanzig bis fünfundzwanzig Stück pro Tag. Und das nach sechsundzwanzig Jahren! Die Gesamtauflage hält derzeit bei über 1,7 Millionen. Gerade eben ist wieder eine Buchgemeinschaftslizenz vergeben worden.

Jeder Buchtitel hat in Sigyn Hartungs Kartei ein Blatt; bei der ›Piroschka‹ sind's fünf – und alle fünf beidseitig beschriftet. Welch erdrückendes Übergewicht! Da freut es einen dann doppelt, wenn auch die vier Schlesien-Bücher weiterhin verlangt werden, wenn die frühe Erzählung ›Die große belmontische Musik‹ an einer amerikanischen Universität als deutscher Übersetzungstext eingesetzt und in Italien eine Dissertation über ›La critica sociale in Hugo Hartung‹ approbiert wird.

Unser Gespräch findet in Sigyn Hartungs Schwabinger Wohnung statt: Hier, in dem eleganten Appartementhaus am Artur-Kutscher-Platz, hat der Dichter die letzten zwölf Jahre gelebt. Gerade eben hat die Witwe ein Stück Schwerstarbeit hinter sich gebracht: Das Hartung-Archiv ist an die Neue Staatsbibliothek Berlin übergeben worden. »Dort steht es jedem, der sich dafür interessiert, zur Verfügung. Bei mir daheim wäre es Makulatur.« Sie selber hat im eigenen Wagen den letzten Schub Leitz-Ordner nach Berlin geschafft. »Nur die Tagebücher – die habe ich behalten. Und mit der Maschine abgetippt. Es sind 2400 Seiten geworden. Mein Mann hat eine sehr kleine Handschrift ge-

Hugo und Sigyn Hartung.

habt, ich mußte mit der Lupe arbeiten. Aber jetzt ist es bewältigt. Zwei Exemplare – für jedes unserer Kinder eins.«

Auch die Fahrtenbücher sind selbstverständlich in ihrem Besitz geblieben: Sigyn Hartung hat ihren Mann, als dessen Sekretärin, Dolmetscherin und Fahrerin sie auch vor der Steuer anerkannt war, auf seinen unzähligen Lesereisen nicht nur durch die Lande chauffiert, sondern sie hat auch über alle seine Auftritte sorgfältig Buch geführt. In alphabetischer Reihenfolge, Stadt für Stadt. Damit es bei den Texten, die er auswählte, nicht zu Wiederholungen kam. »Sie müssen sich vor Augen halten: Allein in Berlin hat er hundertsechzigmal gelesen. Das lag ihm sehr, schließlich war er gelernter Schauspieler. Eine Einladung jagte die andere.«

Hinzu kamen die laufenden Einladungen der Ungarn – für die war Hartung seit dem ›Piroschka‹-Erfolg ja eine Art Nationalheiliger. Auch das hat mit seinem Tod aufgehört. »Nicht einmal die Akademie der Künste in Berlin, deren Mitglied er war, hat meinen Namen in ihrem Verteiler. Machen wir uns nichts vor: Als Witwe ist man abgemeldet.«

Sie sagt es ohne Groll, ohne Bitterkeit, sieht ein: Es wäre zuviel verlangt. Und so zieht sie sich denn, um nicht gänzlich zur Untätigkeit verurteilt zu sein, auf privatere Bereiche zurück. Momentan hat sie die Stammtafel ihrer dänischen Ahnen in Arbeit – ins Deutsche übertragen, ist das ein hübsches Geschenk für ihre weitverzweigte, weitverstreute Familie. Mehrere Exemplare gehen bis nach Peru.

Ohne Firnis

Gisèle Celan-Lestrange

Wer über Paul Celan schreibt, schreibt über Selbstmord und Tod. Über die nächtlichen Spaziergänge des Dichters der ›Todesfuge‹ und über den einen, von dem er nicht zurückgekehrt ist. Über den 28. April 1970, da man ihn aus der Seine geborgen, und über den 12. Mai, da man ihn in Thiais, gleich hinterm Flugfeld von Orly, begraben hat.

Der eine hat's geahnt, dem andern hat er's anvertraut, und alle miteinander haben sie's aus seinen Versen herausgelesen – an keinem Leichnam haben sich die philologischen Aasgeier derart gütlich getan wie an dem seinen; das Prunkstück meiner Sammlung ist ein Aufsatz mit dem Titel ›Das Gedicht als Genicht‹.

Paul Celans Weg gekreuzt zu haben: als Mitschüler im heimatlichen Czernowitz, als Student in Bukarest, als Kollege in Deutschland, als sein Schüler in Paris, gilt im literarischen Resteverwertungsbetrieb als Auszeichnung und Kapital. Seit Jahren liegt mir einer in den Ohren, der nach dem Krieg in Wien an seiner Seite die Straße gekehrt haben will.

An der Celan-Legende mitzuweben verheißt offenkundig höchste Lust. Die Auszeichnung, zum Umgang eines Mannes gezählt zu haben, der zuletzt wie ein Anachoret gelebt, der Frau und Familie geflohen, kaum noch das Telephon abgehoben, kaum noch einen Brief beantwortet hat, mehrt den eigenen Ruhm. Aus der Perspektive solcher Eingeweihten Auskunft zu erteilen – wer würde sich dem wohl verweigern?

»Als ich Paul Celan zum letztenmal begegnet bin« – so lautet der allgemeine Refrain. Todesschauer aus erster Hand. Sein gebückter Gang, das plötzlich schwammiggraue Gesicht, die Signale des psychischen Zusammenbruchs. Die Hörer an der École Normale Supérieure, die er sitzen, die zur Dichterlesung Versammelten, die er warten ließ. Und schließlich die Katastrophe – das Fernsehen bringt es als letzte Meldung, gefolgt vom Wetterbericht. Nekrologe in Versform: Die Kollegen machen sich ihren Reim auf seinen Tod. Das Österreichische Kulturinstitut in Paris resümiert in seinem Rapport ans Ministerium nach Wien: »Das Begräbnis wurde von der Witwe in aller Stille durchgeführt.«

Die Witwe. Gisèle Celan-Lestrange, 1927 in Paris geboren, Graphikerin von Rang und Namen. Weihnachten 1952 heiratet sie den aus der Bukowina stammenden deutschjüdischen Dichter, Übersetzer und Literaturdozenten Paul Antschel alias Celan. Man wohnt in der Rue de Longchamp, einer proletarischen Enklave im großbürgerlichen Trocadero-Viertel. Als Sohn Eric zur Welt kommt, wird es in der gemeinsamen Behausung eng, an die Aufstellung einer eigenen Druckpresse ist nicht zu denken, Gisèle geht zweimal die Woche außer Haus in ein Atelier arbeiten, der Dichter übernimmt an diesen Tagen die Aufsicht über das Kind.

1955 stellt sie zum erstenmal aus, zehn Jahre später entsteht die erste gemeinsame Arbeit: ›Atemkristall‹. Einundzwanzig Gedichte und acht Radierungen. ›Signés par l'auteur et l'artiste.‹ Das Experiment wird wiederholt, diesmal mit dem Zyklus ›Schwarzmaut‹. Weiteres folgt, auch Einzelblätter: links die Handschrift des Dichters, rechts die seiner Frau. Vieles davon ist ihr gewidmet: ›Für Gisèle‹. Eines, zu Weihnachten an die Freunde verteilt, heißt ›Schlafbrocken‹. Schlafbrocken? Sprachgitter? Zeitgehöft? Obwohl im Haus im allgemeinen französisch gesprochen wird, hat die Künstlerin gelernt, mit der extravaganten Wortartistik des Dichters an ihrer Seite umzugehen: Der Deutschunterricht,

Links: Gisèle Celan-Lestrange in ihrem Pariser Atelier.
Rechts: Paul Celan.

den er ihr erteilt, orientiert sich an der eigenen Arbeit. »Deutschunterricht in Form von Celan-Gedichten« wird sie es später, im Gespräch mit mir, nennen, und dieser einsam hohe Rang erklärt es wohl, daß sie selbst bei noch so komplizierten Formulierungen in der fremden Sprache kaum irgendwelche Probleme hat. Auch heute, wo nun schon lange kein Paul Celan mehr um sie ist.

Ich frage sie nach den Prämissen der gemeinsamen Arbeit, locke sie mit bewußter Vereinfachung aus der Reserve: Hat sie seine Texte illustriert, er ihre Illustrationen getextet? Oder war es ganz anders? Also wie?

»Die Gedichte gehören ganz sich selbst«, antwortet sie, »und das gleiche gilt wohl auch für die Radierungen.« In schönen, ruhigen Sätzen, in denen kein Platz ist für Aufgeblasenheit oder Sentimentalität, formuliert Gisèle Celan-Lestrange den eigenen Anteil am gemeinsamen Werk: »...seine Gedichte zu begleiten, um mit ihnen zu sein.« Celans Horror vorm Anekdotischen ist auch ihr Horror –

das beider Arbeit Gemeinsame könne immer nur eine Art geistiges Klima sein.

Und Austausch im Sprachlichen?

Natürlich, das schon. Und zwar in beiden Richtungen: »Alle Titel meiner Blätter, die zu seinen Lebzeiten entstanden sind, stammen von ihm, die deutschen wie die französischen.«

›Ohne Kompaß‹, ›Wandernde Zeichen‹, ›Algenherz‹ und ›Geburt‹. ›Statt einer Gegenwart‹, ›Schlafzellen‹, ›Versprengung‹, ›Trostverwaist‹.

So lebt Paul Celan nicht nur in seinen Gedichten fort, sondern auch in ihren Bildern.

Umgekehrt ist aus ihren Bildern manches in seine Gedichte hinübergeflossen – aus ihren Bildern und aus ihrer Arbeit an ihnen. Sie erklärt es mir an zwei konkreten Beispielen aus ihrem Werkstattvokabular: ›ätzen‹ und ›wegbeizen‹. Der Berufsalltag der Graphikerin, der unter der Hand zum Sprachmaterial des Dichters wird.

So hat einer vom andern angenommen, gelernt.

Meine Begegnung mit Gisèle Celan-Lestrange kommt nicht ohne Mühe zustande. Die Vertraute in Wien stellt die Verbindung her – es werde nicht leicht sein; mit Verstörtheiten, auch Enttäuschtheiten sei zu rechnen. Zunächst aber ist ihre Rückkehr nach Frankreich abzuwarten, in Israel lebt noch ein letzter Rest an Antschel-Verwandtschaft, nur einige wenige sind dem KZ-Tod entronnen, bei ihnen weilt die Witwe des Dichters, dem christlichen Milieu des Elternhauses längst entfremdet, momentan zu Besuch.

Nach der Rückkehr hält sie sich nur kurz in Paris auf, meine Anrufe im Atelier bleiben ohne Antwort. Ich will schon aufgeben, da meldet sich die Stimme der Concierge. Mercedes sieht in den Räumen in der Rue Montorgueil nach dem Rechten, im harten Französisch der gebürtigen Spanierin gibt sie mir Adresse und Telephonanschluß des Landsitzes bekannt. Moisville in der Normandie, das alte Bauernhaus, das sich die Celans für die Stunden der Stadtflucht ausgesucht haben, viele seiner Verse sind hier entstanden, viele ihrer Bilder.

Ich bekomme Gisèle Celan-Lestrange an den Apparat, nach und nach fallen Reserviertheit und Mißtrauen von ihr ab, wir vereinbaren ein Treffen in ihrem Pariser Atelier – nächsten Sonntag um elf.

Die Rue Montorgueil, Métro-Station Les Halles, ist ein auch am Sonntagvormittag von Leben sprühender Kleinmarkt: Die Läden der Fleischer und Käsehändler, der Gemüsefrauen und Pastetenbäcker öffnen sich zur Straße hin, Demonstranten aus dem nahen Marais-Viertel, einst Ghetto des jüdischen Kleinbürgertums von Paris, verteilen ihre Flugblätter, ein blinder Straßensänger tremoliert im Gehen, der Sohn hält ihm das Mikrophon vor den Mund. Wenn vor einer der Käuferschlangen, die beim Bäcker um ihre Stange Weißbrot anstehen, ein Jüngling von Mitte zwanzig Aufstellung nähme und Zauberkunststücke vollführte, könnte es leicht der junge Celan sein: Eric, so höre ich, hat die Zirkusschule hinter sich; Flaschen, Bälle, Fingerhüte sind seine Requisiten; jetzt ist er, zusammen mit einem Kumpan, auf dem Weg nach Marokko, um auch noch das Akrobatenhandwerk zu erlernen. »Dies ist seine Art, Dichter zu sein...«, sagt die Mutter, und wieder bewundere ich nicht nur die schönen Worte in der ihr fremden Sprache, die sie dafür findet, sondern auch ihr heiteres Einverständnis mit den ungewöhnlichen Berufswünschen des Sohnes.

Nr. 45 ist eines der stattlicheren Miethäuser der Rue Montorgueil, breites Eingangstor, am Fuß der Treppe die Übersicht über die Hausparteien, mittendrin der Name Celan: Appartement 3g. Ich gehe die zwei Stock hinauf und läute: Nichts rührt sich. Mein Blick fällt auf eine Wandkritzelei neben dem Klingelkopf: »Je suis un genre de loup solitaire...« Hat sich's die einsame Wölfin am Ende anders überlegt? Verzagtheit erfaßt mich, Reue über mein voreiliges Triumphieren. Da höre ich Schritte aus dem Stiegenhaus, Gisèle Celan-Lestrange war nur Zigaretten holen, die geliebten grünen Gauloises, ein nervöses »Je suis désolée...«

Ich wehre ihre Entschuldigung ab, nehme alles auf mich und meine zwanghafte Pünktlichkeit, und sage Dank, daß ich hier sein darf – hier in diesem schönen hellen Atelier, zwischen Bücherwänden und Graphikmappen, zwischen Arbeitstischen und Druckpressen und dem Bild des Dichters Paul Celan.

»Ganz Dame – aber ohne Firnis« hat einer der Celan-Kenner, mit dem ich mich am Abend vorher treffe, die Künstlerin charakterisiert. Professor Lenz-Medoc, emeritierter Sorbonne-Lehrer, Germanist und Zentralfigur des katholischen Widerstandes in Paris, kennt Gisèle Celan-Lestrange noch aus der Zeit, da sie an der Universität gearbeitet hat: »Eine Künstlerin von Rang. Und ein durch und durch unabhängiger Mensch.«

Will er damit etwas über die Beziehung der beiden sagen?

Den Celan-Brief, den er in seinem Privatarchiv verwahrt, läßt er mich nicht lesen: »Er ist von solcher Bitternis – ich glaube, ich täte besser daran, ihn zu vernichten.« Und dann, nach einer Nachdenkpause: »Aber etwas anderes sollten Sie schreiben, es ist viel zu wenig bekannt: Paul Celan war für den Orden ›Pour le Mérite‹ vorgesehen, es war beschlossene Sache.«

Er sagt es, wie wenn das etwas am Ablauf der Dinge hätte ändern können. Hätte es wirklich?

Gisèle Celan-Lestrange. Ich nehme zunächst vor allem ihre strenge Schönheit wahr, ihre dunkle Stimme. Sodann den großen Ernst, die starke innere Spannung, die mit einer ebenso starken äußeren Ausstrahlung korrespondiert. Nichts von Halbheit, Geziertheit. Diese Frau ist wie ihre Bilder: elementar. Ich brauche zu keinem ausufernden Interview auszuholen, keine quälenden Fragen zu stellen, keine alten Wunden aufzureißen: Die Antworten – sie liegen bereits vor. Mit der Radiernadel in die Kupferplatte geritzt.

Findlinge, Sterne,
schwarz und voll Sprache: benannt
nach zerschwiegenem Schwur.

Ob ich die Arbeiten betrachte, die halbfertig in ihrer Werkstatt bereitliegen, oder mir in ihrer Stammgalerie in der Rue de l'Abbaye Bewährtes vorlegen lasse: Der zerschwiegene Schwur – er wirkt fort. Es bedürfte weder der Bücherstöße ringsum noch der Celan-Porträts an der Wand, weder der freudigen Hinweise auf geglückte französische Übersetzungsversuche und mehrstündige Radiosendungen im Programm ›France Culture‹ noch der Abwehr übereilter Nachlaß- oder Briefveröffentlichung, um zu erkennen, daß Paul Celans Œuvre bei der Frau, die achtzehn Jahre seines Lebens, achtzehn von fünfzig, mit ihm geteilt hat, in den denkbar besten Händen ist – und nicht etwa als Anhängsel ihres eigenen künstlerischen Bemühens, sondern als dessen Widerpart, dessen Motor, dessen Teil.

Auf der Fahrt zum Flughafen mache ich in dem Vorort Thiais Halt, um am Grab des Dichters zu verweilen. Der Taxichauffeur hilft mir beim Suchen, der Pförtner, mit einem Trinkgeld nachsichtig gestimmt, läßt uns bis zum betreffenden Sektor vorfahren. Die schmucklose Grabplatte – darauf, mit Steinen beschwert, zwei frische Botschaften an den Toten, der anhaltende Regen der letzten Tage hat sie zum Teil ausgelöscht. Aber über eines geben sie doch klar Auskunft: über das Übermaß an Exilmühsal dessen, der hier bestattet liegt. Und über das Schizoide seiner sprachlichen Existenz. Der eine Billett-Text ist in deutsch abgefaßt, der andere in französisch. »Wieder Gedichte schreiben können« lese ich aus dem einen heraus, »remercie jusqu'au bout de mon souffle« aus dem andern. Dank bis zum letzten Atemzug. Der Dichterpriester und seine Gemeinde.

Das Modell schläft seinen Rausch aus

Beatrice Behan

Jetzt wird das Laub schon fahler,
das Licht wird trüb und matt,
der Maler kratzt den Farbtopf aus
und streicht die Pinsel glatt.

Sie hat eine Geheimnummer – anders geht es nicht bei den andauernden Belästigungen. Ständig dieser Unflat am Telephon – Brendan Behan war am Ende seines Lebens für viele, die ihn vormals vergöttert hatten, zur Unperson geworden. Streithahn und Säufer. Ein Wrack, ein Clochard. Skandal folgte auf Skandal. Dazu die vielen offenen Rechnungen, die Schulden – es brauchte Jahre, um Ordnung in das Chaos zu bringen.

Wir sind für drei Uhr nachmittag verabredet, zur Sicherheit rufe ich noch einmal an.

»Geht's um fünf? Ich muß rasch noch zu einer Beerdigung.« Immer diese Beerdigungen – ist Dublin denn am Aussterben?

Ich wohne in *Jury's Hotel* – es ist nicht weit von der alten Brendan-Behan-Adresse: im mäßig vornehmen Stadtteil Ballsbridge. *Jury's Bar* ist eine der Kneipen, in denen sich Donleavys ›Ginger Man‹ herumtreibt, eine der großen Kultfiguren der Beatnik-Generation. Literarischer Boden also auch hier – aber welcher Winkel wäre das in dieser Stadt nicht?

Ich gehe zu Fuß – Richtung stadtauswärts, über die Kanalbrücke, dann rechts in die Anglesea Road. ›Wednesday's‹ heißt eine der Vorstadtspelunken am Weg. Ob sie sich sel-

Brendan und Beatrice Behan in New York, 1960.

Der Dichter, wie ihn seine Frau gezeichnet hat.

ber beim Wort nimmt und wirklich nur mittwochs offenhält? Irische Trägheit im Konflikt mit irischer Trunksucht. ›Publin‹ hat einmal ein kluger Spötter formuliert – und in der Tat: Besteht dieses Dublin nicht für viele seiner Einwohner wahrhaftig aus lauter Pubs? Brendan Behan war einer von diesen, und keines war vor ihm sicher: ›The Blue Lion‹ so wenig wie ›Bailey's‹ und ›McDaids‹, ›Brazen Head‹ so wenig wie ›Slattery's‹ und ›Fitzroy's Tavern‹.

Das schmale Reihenhaus, das der Dichter seiner Frau hinterlassen hat, hat die übliche viktorianische Ziegelfassade, zweietagig, winzige Räume, Vorgärtchen zur Straße, Hintergärtchen zum Fluß. Düster und verrottet – mehr Remise als Wohnstatt.

Beatrice Behan: Mitte fünfzig, Typ Kumpel, eine Frau von natürlicher Herzlichkeit. Ihre neun Jahre mit Brendan haben sie gelehrt, noch auf das Außergewöhnlichste mit Gelassenheit zu reagieren: weder Koketterie mit der Exzentrik noch Vertuschung. Weder Lamento noch Kult.

Wir nehmen in der ehemaligen Küche Platz, es ist jetzt das Wohnzimmer. Vorm Kamin ein Torfhaufen, in den Wandregalen, tiefverstaubt und in abenteuerlichem Durcheinander, Behans Bücher. Und sicher unvollständig. Auf dem Tisch Whisky und Kaffee. Über der Kommode ein Selbstbildnis des alten Salkeld: Beatrice Behans Vater war Maler wie sie, er gehörte zu den Zechkumpanen des Dichters, eines Tages brachte er ihn mit heim, so lernte man einander kennen, am 15. Februar 1955 wurden in der Herz-Jesu-Kirche zu Donnybrook die Ringe getauscht.

Ihre eigenen Bilder – oder was davon übriggeblieben ist müssen wir erst mühsam zusammensuchen, hervorkramen, abstauben: Beatrice Behan, die uneitelste Künstlerin der Welt. Oder ist sie einfach zu oft enttäuscht worden, als daß sie noch auf Bewunderung und Lob anspreche? Dabei meine ich es ganz ehrlich: Ihre Pub-Szenen rühren mich unmittelbar an. Die melancholischen Milieus, der leicht karikaturistische Einschlag ihrer Porträts, diese sehr eigene Ausgewogenheit von Mitleid und Witz.

Die Federzeichnungen, mit denen sie den Geschichtenband ›Hold your hour and have another‹ illustriert hat: kaum eine, aus denen nicht irgendwo Brendan Behans Profil hervorlugte – er ist in ihrem Werk die allgegenwärtige Stifterfigur. Noch die letzte Gelegenheitsskizze verrät es: Sie muß diesen Mann sehr geliebt haben. Wenn sie ihn, in der Rückschau auf ihr Leben, ihren ›ersten‹ nennt. so meint sie nicht Reihenfolge, sondern Rang. Nicht anders als er, der sie seinen Bekannten gern mit den Worten vorstellte: »Beatrice, meine erste Frau.«

Das große Ölbild, das sie von ihm in Amerika gemalt hat, zeigt Behan schlummernd, Katze ›Beamish‹ an seiner Seite. Er liegt auf einer Couch, im Zimmer ist heller Tag, wahrscheinlich schläft er gerade wieder einmal seinen Rausch aus. Es war für sie die einzige Gelegenheit, ihn zu porträtieren: »Im Wachzustand hätte er niemals stillgehalten.« Oder er hätte wieder einen seiner gefürchteten Anfälle bekommen und wäre über das Bild hergefallen. So wie er ja auch über seine eigenen Arbeiten herfiel, um sie zu vernichten.

»Die Manuskripte?«

»Ja. Er hat alles verbrannt. Nur von einem einzigen konnte ich zwanzig Seiten retten. Es war während eines unserer Aufenthalte in Connemara, er hatte das Bündel gerade ins Torffeuer geworfen ...«

›Richards Korkbein‹ ist nur deshalb erhalten geblieben, weil Behan es nicht zu Ende geschrieben, der Einakter ›The Landlady‹, weil er ihn vermutlich vergessen hat. Ja, und die klapprige alte Schreibmaschine – auch sie ist noch da: »Er wartete immer auf einen Lotteriegewinn, um sie endlich in den Liffey schmeißen und eine neue anschaffen zu können.«

Es gab eine in Amerika produzierte Schallplatte, auf der er sprach und sang, und es gab Bänder von Rundfunksendungen – das versoffene Genie Brendan Behan war ja eine Zeitlang ein höchst willkommener Studiogast. Auch dies alles ist zur Gänze vernichtet. Besonders die Schallplatte mochte er nicht: Er war am Aufnahmetag in schlechter Form gewesen, hatte einen fürchterlichen Kater gehabt...

Und wie steht es um die Aufführung seiner Stücke?

»Überall mehr als in Irland und England. Vom Kontinent bekomme ich viele Meldungen. Aber das meiste sind Amateurtheater – das bringt natürlich kein Geld. Auch in Deutschland ist eine Menge los – die Übersetzungen von Heinrich Böll sollen ja so gut sein. Leider kann ich nicht genug Deutsch, obwohl meine Mutter Deutsche war.«

Und die Bücher?

»Hier in Dublin? Ich glaub', da krieg' ich sie eher auf deutsch als auf englisch. Was tun die denn hier schon für ihn? ›Die Geisel‹ – die kriegt man vielleicht in der O'Connell Street. Aber schon der ›Quare Fellow‹ – seit Jahren vergriffen.«

Und Ihre eigene Autobiographie?

»Ein trauriges Kapitel. Nicht einmal ich habe Exemplare bekommen. Geschweige denn Tantiemen. Die Kerle haben mich reingelegt. Haben mir hoch und heilig erklärt, sie verfügten über die Rechte, ich möge ihnen mein Leben mit Brendan erzählen – auf Band. Zwei Journalisten – sechs Monate hindurch rückten sie Tag für Tag zwei Stunden mit dem Mikrophon an. Es war eine Tortur, noch einmal die ganze Misere von vorn! Ich war ja froh, vieles davon längst verdrängt zu haben. Und nun also wieder hervor damit. Und dann der Skandal, als das Ganze erschien! Zuerst in Fortsetzungen in der Presse, dann als Buch. Und schließlich der Urheberrechtsstreit mit Brendans Originalverleger! Gar nicht zu reden von dem Material, das ich den Kerlen zur Verfügung gestellt habe: Ich hab's bis heute nicht zurück. Lauter unersetzliche Dinge. Der Brief von Tennessee Williams zum Beispiel. Und, und, und.«

Beatrice Behan ist nicht die Dichterwitwe, die – sei es in spektakulärem Ausverkauf, sei es in weiser Dosierung – den Nachlaß ihres Mannes zu Geld macht. Um ihren und den Lebensunterhalt der zwei Kinder – Brendans Tochter Blanail und Adoptivsohn Paudge – zu bestreiten, vermietet sie

Zimmer an Studenten; die Behan-Tantiemen sind nur ein Zubrot. Für die vorm Erscheinen stehende gälische Ausgabe seiner ›Gedichte‹ hat sie den Buchumschlag gestaltet; für den Briefband, an dem ein kanadischer Behan-Experte arbeitet, konnte sie, die von ihrem Mann in neun Jahren Ehe genau einen Brief und eine Postkarte erhalten hat, keinen Beitrag leisten (»Daß er trotzdem 98 Stück zusammengebracht hat, grenzt an ein Wunder!«); auch der Kontakt zu Joan Littlewood, deren ›Theatre Workshop‹ sämtliche Behan-Uraufführungen zu verdanken sind, ist eingeschlafen; und daß vor kurzem in Dublin eine Straße auf den Namen Brendan Behan getauft wurde, erfuhr sie per Zufall aus dem Radio. Die Büste, mit der sein Grab auf dem Friedhof von Glasnevin geschmückt war, ist zweimal entwendet worden – jetzt hat die Witwe resigniert. Nur Brendans hochbetagter Mutter hält Beatrice unverdrossen die Treue: Sie besucht sie regelmäßig in ihrem Altersheim. Von ihr hatte der Dichter ja seine künstlerische Ader: Sie war eine unvergleichliche Balladensängerin – mit einem Repertoire von solchem Umfang, daß sie eine ganze Nacht hindurch singen konnte, ohne sich ein einziges Mal zu wiederholen.

Brendan Behans Dublin hat sich verändert. Die Pubs, in denen er Stammgast und Hausphilosoph, Alleinunterhalter und Balladensänger, Gastgeber und Randalierer war, sind kommerzieller geworden und touristischer; in keinem ihrer ›snugs‹, den verschwiegenen Trinkernischen, gewährte man – wie seinerzeit Behan – einem heutigen Künstler während der *holy hour* zum Schreiben und Malen Unterschlupf; die Freunde von einst, die man um Erinnerungen angeht, hatten eher mit ihm *getrunken* als ihn *gelesen;* und auch jene ungezählten Zimmerwände, die der gelernte Anstreicher Brendan Behan in den Jahren vor seinem literarischen Durchbruch (aber auch später, wann immer es einen momentanen finanziellen Engpaß zu überwinden, eine kostspielige Anschaffung zu finanzieren galt) getüncht hat, sind wohl in der Zwischenzeit überpinselt worden.

Beatrice Behan, nun voll im Erzählfluß, zündet sich einen neuen Zigarillo an – es ist eine ganze Weile her, daß sie das letztemal so intensiv in der gemeinsamen Vergangenheit gewühlt hat: dem ersten Rendezvous, bei dem er sie, gerade wieder einmal total ›blank‹, gleich um ein Pfund angepumpt hat; der lange vor der Mitwelt geheimgehaltenen Trauung im ersten Morgengrauen; dem gemeinsamen Untermietzimmer in der elterlichen Wohnung; dem 200-Pfund-Job als Kolumnist der ›Irish Press‹. Später die Jahre der großen Erfolge, die Einladung nach Paris, wo ›Die Geisel‹ beim Wettbewerb ›Theater der Nationen‹ als bestes Stück des Jahres prämiiert wurde, die Reisen nach Schweden und Spanien, nach England und Amerika; dann der Zweifrontenkampf gegen Diabetes und Alkoholismus; schließlich die Resignation und, mit 41, der Tod. Selbst ans Spitalsbett hatten seine ›Freunde‹ die Brandy-Flasche geschmuggelt...

Beatrice Behan klagt nicht an, sie referiert. Sie referiert von den zärtlichen Stunden, da man einander wechselweise die Lieblingsbücher vorgelesen hat: er ihr ›Alice im Wunderland‹, sie ihm Flaubert und Proust; und von den höllischen, da sie, ihr erstes Kind unterm Herzen, den Kampf gegen die jüngere Ehestörerin aufnehmen mußte, von den Spannungen mit dem gleichfalls Stücke schreibenden Behan-Bruder Dominic, von Brendans Gefängnisvergangenheit als jugendlicher IRA-Rebell und von seiner Angst vor der drohenden Gehirnoperation. Und *sie* immer und überall die *bodyguard:* die ihn in den Kneipen auflesen, ihn anderntags, zu eigenem Tun unfähig, rasieren und ankleiden, ihn aus dem Polizeigewahrsam herausholen oder zur Entwöhnungskur einliefern mußte – Entwöhnung von einem Laster, das bis auf sein sechstes Lebensjahr zurückging, als ihn das erstemal die leichtsinnige Großmutter den Schaum von ihrem Bier schlürfen ließ... Ein Leben der Höhen und der Tiefen, dessen Tiefen schließlich so sehr, so grausam überhandnahmen, daß von den Höhen kaum noch etwas übrigblieb – es sei denn das Werk eines

Dichters. Eines Dichters von überbordender Sprachfantasie – aggressiv und empfindsam, blasphemisch und gläubig, zärtlich und wild.

Drei Theaterstücke, drei Bände Bekenntnisprosa.

Zuletzt ›Brendan Behans New York‹, das er schon nicht mehr in die Schreibmaschine getippt, sondern auf Band gesprochen hatte – ohne Druck und Hilfe von außen wäre es wohl nie zustande gekommen. Denn Behans Exzentrik nahm weiter zu: Da zahlte er Leuten, die sich an einem seiner Zeitungsartikel stoßen mochten, demonstrativ den Kaufpreis zurück; da blieb er tagelang von daheim weg, um dann urplötzlich mit einer Runde von Zechern aufzukreuzen und mitten in der Nacht Frau und Baby aus dem Bett zu holen; da versetzte er die ihn behandelnden Hospitäler in Panik, indem er splitternackt durch die Gänge lief oder beim Rosenkranzbeten, wenn die Reihe an ihm war, zu *four letter words* griff; und da machte er einen der Polizisten, die ihn wegen Raufhändeln arretiert hatten, kurzerhand zu seinem besten Freund.

Selbst noch im Sterben – März 1964 – stellte er alles auf den Kopf: Er, der erklärte (und exkommunizierte) Atheist, bestand auf dem Empfang der Sterbesakramente, und von seiner Frau nahm er mit den Worten Abschied: »Du hast einen schweren Fehler gemacht: Du hast mich geheiratet!«

Als man die Kleider des Toten leerte, fand man als erstes seinen Paß mit dem frischerneuerten US-Visum: Bis zuletzt hatte Behan gehofft, nach Amerika auswandern zu können.

»Verkauf das Haus, ich hab' die Nase voll von Dublin!« hatte er zu Beatrice gesagt.

Ob sie ihm auch auf diesem Weg gefolgt wäre?

Zu mir sagt sie: Nein.

Aber ich bin sicher: Sie hätte es getan.

So wie sie es noch heute tut, noch immer, noch sechzehn Jahre nach seinem Tod. Als unlängst in London ›Die Geisel‹ neu herauskam, packte sie die beiden Kinder bei der

Hand, flog nach England und setzte sich mit ihnen in die Vorstellung. Viermal hintereinander.

Viermal hintereinander also hörte sie das Mädchen Teresa, das sich über alle patriotischen Vorbehalte hinwegsetzt und mit dem Gefangenen Leslie ein kurzes Liebesglück erlebt, ihr berühmtes Lied aus dem zweiten Akt singen:

> Ich backe dir ein goldnes Brot
> und schieß die Polizisten tot,
> sobald du mit mir Hochzeit machst ...

Brendan Behan hatte, als er jene Rolle schrieb, einen konkreten Menschen vor Augen: Celia, die Schwester seiner Frau. Ihrem Charakter hatte er diese Teresa nachempfunden, und ihr, die selber Schauspielerin ist, hatte er sie auf den Leib geschrieben. Bei der Uraufführung am 14. Oktober 1958 im Londoner Royalton Theatre stand Celia Salkeld in der Rolle des armen Stubenmädchens Teresa auf der Bühne.

Nun, bei der Wiederaufführung der siebziger Jahre, war die Rolle längst in andere Hände übergegangen. In fremde. War neutralisiert. Nichts also hinderte Beatrice Behan daran, sich auf das Lied des Mädchens Teresa ihren eigenen Reim zu machen.

Fern von Bayreuth

Gertrud Wagner

Jeden Sommer bin ich ein paar Tage auf Sylt, die Vorträge an der Klappholttaler *Akademie am Meer* zählen zu meinen liebsten Berufspflichten. Ich weiß also von diesem und jenem prominenten Inselsiedler, bin mit etlichen befreundet, kenne mich aus. Auch von Künstlerwitwen, die auf Sylt leben, hat man mir berichtet – von der Geigerin Helga Schomberg etwa, Gefährtin des großen Schauspielers Hermann Schomberg, deren Haus in Morsum steht. Im nahen Seebüll, wo Emil Nolde gearbeitet hat, macht man aus dem Alterssitz seiner Witwe Jolanthe ein streng gehütetes Geheimnis. Und die Adresse von Gertrud Wagner, die nach dem frühen Tod ihres Mannes Wieland Wagner dessen Ferienquartier auf Sylt zu ihrer festen Bleibe gemacht hat, kennt nicht einmal der Taxichauffeur, dem ich mich anvertraue: Er muß erst über Funk bei der Zentrale nachfragen.

Keitum, das schöne Dorf an dem dem Wattenmeer zugewandten Oststrand. In der berühmten alten Seefahrerkirche hat Walter Jens gepredigt, geht Berthold Beitz zum Abendmahl. Im Winter, wenn keine Touristen da sind, liegt über der baumreichen Inselsiedlung mit den malerischen Friesenhäusern ein besonderer Reiz: dünner Neuschnee auf dem matten Schwarz der Reetdächer, ein großer Teil der Häuser saisonbedingt leer, die wenigen bewohnten in sich gekehrt, sämtliche Straßen verwaist.

Das Wieland-Wagner-Haus, besonders stattlich auf seinem Viertausend-Quadratmeter-Grund, ist mit den Jahren geschrumpft: Selbst die Hälfte, auf die sich Frau Gertrud

Bundeswirtschaftsminister Ludwig Erhard im Gespräch mit Wieland Wagner mit seiner Gattin Gertrud.

nach dem Tod des Mannes und dem Flüggewerden der Kinder zurückgezogen hat, nimmt sich reichlich groß aus, und Überlegungen, ob sie ihr ›Exil‹ im hohen Norden nicht doch eines Tages mit einer südlicheren Bleibe vertauschen soll, hat sie wohl mehr als einmal angestellt. Daß sie nach dreijährigem München-Zwischenspiel schließlich doch wieder in ihre Inseleinsamkeit zurückgekehrt ist, mag mit der reineren Luft zusammenhängen, die sie hier oben zu atmen bekommt, und das darf durchaus auch im übertragenen Sinne verstanden werden: Die Frau, die an Wieland Wagners Seite mitgeprägt hat, was als ›Neu-Bayreuth‹ in die jüngere Theatergeschichte eingegangen ist, hat dafür in ihrer bayerischen Heimat nicht immer jenen Dank erfahren, der ihr zustünde.

Gertrud Wagner gibt kaum Interviews – vielleicht um

die Hände dafür frei zu haben, selber zu gegebener Zeit Bilanz zu ziehen. An ›ihrem‹ Buch arbeitet sie nun schon Jahre, und bei ihrer hohen Intelligenz, ihrem kritisch-nachdenklichen Temperament und ihrem souveränen Umgang mit der Sprache darf man sicher sein, daß es alles andere als eine geschwätzig-eitle Autobiographie à la mode werden wird. In dem großen Arbeitszimmer mit dem eine volle Seitenwand einnehmenden Atelierfenster und der über eine Innenstiege erreichbaren Galerie türmen sich die Manuskriptstöße und Materialmappen – auch mancherlei Schriften zur Theatertheorie, in denen sie das Werk ihres Mannes, das ja zu großen Teilen auch *ihr* Werk gewesen ist, fortzusetzen versucht, sind hier entstanden. An der Wand ein Wieland-Selbstporträt von 1946, gegenüber das Jungmädchenbild, das er von ihr gemalt hat: Nicht die Musik war ja der eigentliche Quell, der das Ingenium des Wagner-Enkels gespeist hat, sondern sein hochentwickelter Sinn für Design und Licht, seine Bildfantasie. In den Hungerjahren nach 1945, die die Wagners fern von Bayreuth im ›Exil‹ verbringen mußten (Mutter Winifred und Bruder Wolfgang im Fichtelgebirge, Wieland mit den Seinen am Bodensee), kamen auf diese Weise Lebensmittel ins Haus: Wieland Wagner porträtierte die Bauern der Gegend.

Kein Interview, wie gesagt, nur ein informeller Besuch. Eine Einschränkung, die ich durchaus nicht beklage: Gertrud Wagner, obwohl druckreif formulierend, erzählt nun frei von Mikrophonzwängen, und wenn sie in Fahrt kommt, springt sie dabei vehement auf und holt, was sich nicht gleich von der Zunge lösen will, mit energischen Gebärden herbei. Die gelernte Tänzerin und geübte Choreographin bedarf auch im Gespräch der akzentuierenden Bewegung. Da wird unversehens das Zimmer zur Bühne – freilich einer Bühne, auf der es streng intellektuell, gänzlich untheatralisch zugeht. Dynamik, die vom Kopf gesteuert ist. Koketterie ist nicht einmal als Versuchung präsent. Eine Frau, für die Kunst vor allem Raumkunst ist: Tanz, Regie, Architektur. Kein Wunder, daß auch der Umbau und

Ausbau des Sylter Besitzes *ihr* Werk ist: Architektur zählt seit den Jugendtagen zu ihren Passionen.

Als Wieland Wagner und seine Familie 1949 nach Bayreuth zurückkehrten, um die Wiederbegründung der Festspiele in die Wege zu leiten, war Frau Gertrud es, die auch die Villa Wahnfried total umkrempelte, und sie hat sich damit nicht nur Freunde gemacht. Aber wie sollte man denn auch unter den gänzlich veränderten Verhältnissen mit solch einem Feudalsitz zurechtkommen? Die Küche im Souterrain – und das, im Gegensatz zu früher, fast ohne Personal. Oder die unpraktische Raumaufteilung, die die Aufforderung »Bitte, mach die Tür zu!« zur stehenden Redewendung unter den Hausinsassen machte. Es blieb also gar nichts anderes übrig, als den ohnedies von den Bombenangriffen des April 1945 schlimm verwüsteten Besitz neu zu organisieren: Zwei tragende Mauern wurden niedergerissen, dafür neue Zwischenwände eingezogen, auch der Garten erhielt ein frisches Gesicht. Später, als die Kinder größer waren und jedes seinen eigenen Raum beanspruchte, wurde abermals umgebaut. Und umgebaut wurde auch das verrottete Bauernhaus, das man – nach elf Sylt-Sommern in wechselnden Mietquartieren – 1963 in Keitum fand: ein großer Trakt für Wieland und Gertrud, je ein kleiner für die vier Kinder, dazu ein Gästeteil. Nirgendwo, beteuert die Witwe, war ihr Mann glücklicher als hier: »Da kann ich atmen, da ist Luft.« Trotz kalten Wassers und scharfen Windes war Sylt für Wieland Wagner das totale Wohlbefinden; das Bayreuther Klima bekam ihm nicht. Jedes Jahr der gleiche Vorgang: Sobald das Auto in Niebüll auf den Zug umgeladen und der Hindenburgdamm erreicht war, lebte er auf, fiel alle Sorge von ihm ab, fühlte er sich befreit. Sogar Westerland, das zu jener Zeit freilich noch nicht so überlaufen war wie heute, mochte er: Kaum ein Tag, da er sich nicht einen Bummel durch die Friedrichstraße gönnte, deren kleinen Häusern und Läden seine ganze Liebe galt.

Auch fürs Überdenken, Erörtern und Konzipieren neuer

Projekte erwies sich Sylt als vorzüglicher Boden: Der ›Tannhäuser‹ von 1954, einer seiner spektakulärsten Erfolge, ja für viele die eigentliche Sternstunde von ›Neu-Bayreuth‹, ist hier entwickelt worden: in unzähligen Gesprächen zwischen Wieland und Gertrud Wagner, immer das Grammophon mit den Musikaufnahmen in Reichweite. Nur wenig erinnert heute im Haus Wieland Wagner an jene schöpferischen Momente der fünfziger und frühen sechziger Jahre: Gertrud Wagner hat aus dem Keitumer Besitz kein Museum, keinen Tempel der Selbstdarstellung, kein zweites Wahnfried gemacht: Das widerspräche ihrem diskreten Naturell. Und ihre Beziehung zu Bayreuth? Man wird sie mindestens unterkühlt nennen dürfen; immerhin sichert eine gegenseitige Abmachung unter den so unterschiedlichen Brüdern Wieland und Wolfgang, dem heutigen Festspielleiter, wonach im Falle des Ablebens des einen der andere die Hinterbliebenen zu versorgen hat, ihren Unterhalt. Als Wieland Wagner 1966 starb, war er neunundvierzig, seine makabre ›Rechnung‹, die er einmal – wohl scherzhafter, als ihm wirklich zumute war – angestellt hatte, war aufs bestürzendste aufgegangen: »Mein Großvater ist siebzig geworden, mein Vater sechzig, ich sterbe mit fünfzig.«

Die Kinder waren zu diesem Zeitpunkt zwischen vierundzwanzig und zwanzig Jahre alt. Alle vier stehen heute in künstlerischen bzw. wissenschaftlichen Berufen ihren Mann. Iris, die Erstgeborene und Wieland Wagner am ähnlichsten, wurde – auf dem Umweg über Germanistik und Film – Kunstphotographin und hat so – auf ihre Weise – ›den Vater verwirklicht‹ (dessen kreativer Umgang mit dem Phänomen Licht die Dominante seines Schaffens gewesen war, von der ersten Baby-Box des Dreizehnjährigen bis zu den überwältigenden Bühnenausleuchtungen seiner späten Inszenierungen). Ihr ausgeprägter Oppositionsgeist trieb sie übrigens schon früh von Wagner zu Bach: Statt der Bayreuther Premiere des ›Tannhäuser‹ beizuwohnen, dessen Kostüme ihr mißfielen, fuhr Iris demonstrativ zur Bach-Woche nach Ansbach – und das fortan Jahr für Jahr.

Sohn Wolf Siegfried hat es weniger leicht: Sich mit Vaters Namen, aber ohne dessen Privilegien als Opernregisseur durchzusetzen, erfordert viel Mut. Daß er ihn besitzt, hat er unter anderem mit seinem Saarbrücker ›Parsifal‹ bewiesen. Dennoch: Seine größeren Chancen liegen wohl im unbefangeneren Ausland.

Nike, promovierte Germanistin in Berlin, ist Mutters ganzer Stolz. Mit ihrem Buch ›Geist und Geschlecht/Karl Kraus und die Erotik der Wiener Moderne‹ hat sie sich einen hervorragenden Namen gemacht, ihre Vorträge über Theodor Herzl oder ›Der Künstler und seine Gräfin‹ haben ihr höchstes Lob eingebracht, ihre satirische Abrechnung mit der ›Familienbande‹ (»diese Urhorde, dieses vielköpfigtausendfüßige Ungeheuer, das sich den Korridor der Geschlechter entlangwälzt«) hat nicht nur in Bayreuth die Gemüter erregt.

Bleibt noch Daphne, die Jüngste. Sie ist Schauspielerin geworden – mit Sitz in München. Eine der Stationen ihrer Karriere war Wien.

Und die Witwe selbst? Nach ›Vorgängerinnen‹ wie Cosima (der Enkel Wieland die Hauptschuld daran anlastete, daß Bayreuth nach Richard Wagners Tod zum Museum erstarrt war, und mit deren Kult er ein Ende machte) und der nicht minder dominierenden Winifred verkörpert Gertrud Wagner den Typ der partnerschaftlichen künstlerischen Mitarbeiterin, die sich nicht an die Rampe drängt. Mußte sie (mit Ausnahme des ›Tannhäuser‹, wo der Programmzettel immerhin für die Gestaltung des Bacchanals die Nennung des Choreographen vorsieht) bei allen Wieland-Wagner-Inszenierungen, zu denen sie ihre Vorstellungen von Bewegungsregie beigesteuert hatte, anonym im Hintergrund bleiben, um den ›Mythos Wieland Wagner‹ nicht zu beeinträchtigen, so war schon gar nicht daran zu denken, ihr diese Arbeit nach seinem Tod zu überlassen, auf daß sie sie selbständig fortsetze: Sowohl ihre Genfer ›Salome‹ wie ihr Wiener ›Holländer‹ wurden von der Kritik als ›Sakrileg‹ zerzaust; das von ihr fürs leerstehende Münchner Prinzregententheater entwickelte Projekt eines *Wieland-Wagner-Instituts* (zur Erforschung neuer Wege für den Opernregisseurnachwuchs) kam nicht zustande.

Dann, 1979, endlich ein Lichtblick: Einladung der Oper Kopenhagen, den ›Fidelio‹ zu inszenieren. Gertrud Wagner nahm freudig an – um so mehr, als es dabei um Beethoven ging und nicht um den durch all die Enttäuschungen der vergangenen Jahre ihr unweigerlich verleideten Wagner. Nur – das Angebot kam zu spät. Immer wieder an anderen Theatern frisch von vorn anfangen, dazu die oftmals unzulänglichen Arbeitsbedingungen und schließlich das unstete Hotelleben – nein, an einer späten zweiten Karriere als Gastregisseurin konnte sie nun kein Interesse mehr haben.

Dafür hatte Gertrud Wagner schon in den Jahren davor an einer neuen, einer gänzlich anderen Beschäftigung Geschmack gefunden: sich durch intensives Quellenstudium ein umfassend-objektives Bild von Bayreuth im allgemeinen und den einzelnen Exponenten des Hauses Wagner im besonderen zu machen. Kurz: Aus der zeitlichen und räumlichen Distanz ihrer Witwenjahre auf Sylt holte sie nach, was ihr im inzüchtigen Bayreuth verborgen geblieben war. Hatte denn in ihren Wahnfried-Jahren dieser Richard Wagner nicht auch *sie* total vereinnahmt: mit all der unheimlichen Kraft des Genius loci einer wie nach einer Partitur erbauten Residenz, eines Königshofs ohne Königreich?

Der Enthusiasmus, mit dem sie heute über diese (auch mit Adorno-Lektüre angereicherte) ›Studienzeit‹ spricht, läßt ahnen, welch aufwühlende Erkenntnisse sie dabei gewonnen hat. Erstes Resümee, so weit es ›Stammvater‹ Richard betrifft: Sie sieht ihn heute sehr viel kritischer. Aber auch Genugtuung wurde ihr zuteil – etwa über jene Wagner-Äußerungen (zum ›idealischen Tanz‹), die ihr im nachhinein die Richtigkeit ihres seinerzeit rein intuitiv entwickelten Choreographiekonzepts bestätigen.

Gertrud Wagners Beziehung zum Haus Wagner reicht weit zurück. Ihr Großvater väterlicherseits (Mädchenname der 1916 Geborenen: Reissinger) ließ sich in Richard Wagners Todesjahr 1883 als Pfarrer nach Bayreuth versetzen, damit seine Kinder das dortige Gymnasium besuchen konnten. Es war dieselbe Schule, in der später sie und Wieland Klassenkameraden waren. Und ihr Onkel war zu der Zeit, da Cosima Wagner schon fast kein Augenlicht mehr besaß, in der Villa Wahnfried als Vorleser engagiert – ›Cosimo‹ lautete von da an sein Spitzname.

Über ihre gemeinsamen Schülerjahre mit Wieland und dessen jüngerer Schwester Friedelind hat sich Gertrud Wagner in einer vergnüglichen Studie selber geäußert; sie ist in der von ihrem Sohn Wolf Siegfried herausgegebenen Bildchronik der Wagner-Sippe abgedruckt. Da liest man nicht ohne Schmunzeln, wie die Zehnjährige dem damaligen Grobian aus dem Weg geht, wie man einander übers Photographieren mit der gerade aufkommenden Baby-Box näherkommt, wie man nach der Schule ins Haus der Wagner-Kinder und eines Tages auch zur Probe ins Festspielhaus mitgenommen wird und wie man schließlich, von Mutter Winifred feierlich dazu eingeladen, die erste Opernaufführung erlebt: ›Tannhäuser‹. Von der ›Familienloge‹ aus, »im hellblauen Voilekleid, mit Hängezöpfen, auf dem altmodischen, rotgepolsterten Stuhl«:

»Man wurde von der Spannung in einen Sog von Tönen mitgenommen, die sich aufbauend und immer mehr verstärkend, zuerst zum gewaltigen Choral wurden, dann neu ansetzend, in den wilden Strudel des Tanzrhythmus hineingerissen und als vollendeter Zauber mitten in seine Wirklichkeit auf die Bühne, in den bacchantischen Wirbel führten, der aus den Venusgrotten herausquoll. Lauschen und Schauen waren unversehens ineinander übergegangen: Ton und Bewegung verschmolzen zu einer Einheit.«

Gertruds Vater war Mathematikprofessor. Ihre Mutter spielte leidenschaftlich Klavier – die Tochter, so hoffte man, würde ihr darin nachgeraten. Doch die interessierte sich mehr für rhythmische Gymnastik und Ausdruckstanz. Wieland, der sich, von seinem Naturell her skeptisch und verschlossen, schon nach dem Tod seines Vaters (Siegfried Wagner starb 1930) enger an die ein Jahr ältere Schulkameradin angeschlossen hatte, blieb Gertrud Reissinger auch in den Münchner Jahren nahe: An der von seiner Mutter gewünschten Theaterausbildung in Bayreuth und Berlin uninteressiert, wechselte er zum Kunststudium in die Landeshauptstadt. In der Kaulbachstraße hatte er sein Maleratelier – im Nebenhaus der berühmten Günther-Schule, in der Gertrud ›freien künstlerischen Tanz‹ studierte. Der Übergang zu ihrer eigenen beruflichen Bewährung verlief zögernd: erste choreographische Versuche mit einer Laiengruppe, dann Sprung in den professionellen Theaterbetrieb – als Hospitantin der (vom Bayreuth-Prinzipal Heinz Tietjen geleiteten) Berliner Staatsoper.

Und wie ging's mit Wieland weiter? Daß nichts aus der erträumten Malerkarriere wurde, ist letztlich wohl Adolf Hitler zuzuschreiben: Von diesem persönlich vom Kriegsdienst freigestellt, mußte sich der Wagner-Enkel nun doch auf die Übernahme des Bayreuther Erbes vorbereiten (wofür er schon 1937, mit dem Bühnenbildentwurf für den neuen ›Parsifal‹, eine erste Vorleistung erbracht hatte). Das aber bedeutete: privates Musikstudium. Bei Kurt Overhoff. Und abends, so oft es ging, Besuch der Münchner Oper (die damals, in der Ära Clemens Krauss, eine Blütezeit erlebte).

1941 heirateten Wieland Wagner und Gertrud Reissinger; im gleichen Jahr begann er seine Tätigkeit als Regisseur und Bühnenbildner in Nürnberg. Nächste Station: das ehemalige Hoftheater im sächsischen Altenburg. Als dort in der Saison 1943/44 ein kompletter neuer ›Ring‹ herauskam, war Gattin Gertrud Wieland Wagners engste Mitarbeiterin: Sie hatte ihn längst mit ihrer Tanzleidenschaft ›infiziert‹. Und als nach dem Krieg zum erstenmal wieder in Bayreuth der Vorhang aufging und die ungleichen Brüder – Wieland als künstlerischer, Wolfgang als organisatorischer

Leiter – 1951 eine neue Ära der Richard-Wagner-Festspiele begründeten, hatten Regisseur und Choreographin in punkto Ausdruck und Dynamik der Bewegung einen Grad von Übereinstimmung erreicht, der sie in den folgenden Jahren dazu befähigte, einander bei der Probenarbeit abzulösen, ohne daß es darüber zur geringsten Diskrepanz kam. Wenn der Fall eintrat, daß sechs verschiedene Stücke auf drei Probebühnen einzustudieren waren, war solche Arbeitsteilung in der Tat sinnvoll und ökonomisch.

Der Musikkritiker Walter Panofsky hat sich darüber in seinem Wieland-Wagner-Buch wie folgt geäußert:

»In seiner Frau Gertrud ... hat Wieland Wagner eine Mitarbeiterin gefunden, die sich nicht erst in seine Auffassung hineindenken mußte, sondern von Anfang an mit ihnen übereinstimmte. Wieland wie Gertrud Wagner wissen, daß etwa die Tanzszenen im Venusberg, der Matrosen-Tanz im ›Fliegenden Holländer‹, der Reigen der Fürther wie der Blumen-Mädchen ebensowenig wie die Tänze in Bizets ›Carmen‹, in Verdis ›Aida‹ und Glucks ›Orpheus und Eurydike‹ Einlagen für ein Grand Corps de Ballet sind, das mit einem in die Handlung projizierten Entre-Act unterhalten und amüsieren möchte. Die Funktion dieser Tänze ist es vielmehr, die jeweilige dramatische Situation, für deren Sichtbarmachung dem Dichter oder dem Musiker die normale Bewegung des Darstellers oder des Chor-Kollektivs nicht mehr genügte, durch Tanzbewegungen zu überhöhen.«

Über so vieles wäre noch zu sprechen: über die Entsagung, die es für Gertrud Wagner – ungeachtet aller Triumphe an der Seite ihres Mannes – bedeutet haben muß, zugunsten Bayreuths auf ihre Karriere als selbständige Choreographin zu verzichten, über die Ermutigung, die die Schöpfer von ›Neu-Bayreuth‹ von dem Philosophen Ernst Bloch (und überhaupt von jüdischer Seite) erfahren haben, über die Einflüsse des Brecht-Theaters, des Moissejew-Balletts und sogar der Peking-Oper auf ihren Inszenierungsstil, über Wieland Wagners Aversion gegen das Fernsehen (die der Befürchtung entsprang, seine Inszenierungen, die in hohem Maße Lichtkunst waren, könnten durch die Eigenmächtigkeiten des neuen Mediums verfälscht werden), über das dadurch bedingte Dokumentationsmanko (keine einzige seiner Inszenierungen ist als Filmaufzeichnung erhalten), über den mörderischen Streß, dem er in seinen letzten Lebensjahren ausgesetzt war, vielleicht sogar über seinen Rückzug aus der Ehe und über den damit einhergehenden Abbruch der künstlerischen Zusammenarbeit mit seiner Frau.

Aber das würde den Rahmen dieses kleinen Porträts sprengen. Das Thema *Wagner-Witwen,* daran besteht kein Zweifel, wäre ein Thema für ein eigenes Buch.

Bildnachweis

Bilderdienst Süddeutscher Verlag: S. 196
Ernst Baumann, Bad Reichenhall: S. 15
Gerhard Becker-Gelf, Meran: S. 22
Georg Fruhstorfer, München: S. 177
Keystone, Wien: S. 143
Anne Kirchbach, Stamberg-Söcking: S. 46 l.
Max. G. Scheler, Hamburg: S. 87
Votava, Wien: S. 35, 181 r.

Alle anderen Photos stammen aus Privatbesitz.